AF435393

LUCES DEL NORTE
La presencia de lo nórdico en la Arquitectura Moderna

Paloma Gil, compiladora

Gil, Paloma

    Luces del norte : la presencia de lo nórdico en la arquitectura moderna . 1a ed.
    Buenos Aires : Nobuko, 2014.

    208 p. : il. ; 21x15 cm. (Textos de arquitectura y diseño / Marcelo Camerlo)

    ISBN 978-987-2949-976

    1. Arquitectura. 2. Ensayos. I. Título
    CDD 721.09

Textos de Arquitectura y Diseño

Director de la Colección:
Marcelo Camerlo, Arquitecto

Diseño de Tapa:
Liliana Foguelman

Diseño gráfico:
Karina Di Pace

I.S.B.N. 978-987-2949-976

LUCES DEL NORTE

La presencia de lo nórdico en la Arquitectura Moderna

Paloma Gil, compiladora

Félix Solaguren-Beascoa

Paloma Gil

Antón Capitel

Alberto Grijalba

José María Jove

José Manuel Lopez-Peláez

Jairo Rodríguez

Julio Grijalba

LUCES DEL NORTE

La presencia de lo nórdico en la Arquitectura Moderna

ÍNDICE

10 INTRODUCCIÓN

14 A STRANDVEJEN
FélixSolaguren-Beascoa

36 B INTERMEDIOS
Paloma Gil

58 C UTZON Y EL ORGANICISMO TARDÍO. ANTECEDENTES E
INFLUENCIA EN LA ARQUITECTURA CONTEMPORÁNEA
Antón Capitel

78 D JØRN UZTON. EN BUSCA DE UN REFUGIO
Alberto Grijalba

108 E ALVAR AALTO Y LA GEOMETRÍA DEL BOSQUE
José Mª Jové

136 F EL PROYECTO PARA LA BIBLIOTECA DE ESTOCOLMO
José Manuel Lopez-Peláez

158 G HEIKKI & KAIJA SIREN. RESIDENCIA DE DESCANSO
EN LINGONSÖ
Jairo Rodríguez

182 H SVERREFEHN. CASA SCHREINER. 1959.
UN HOMENAJE A ORIENTE
Julio Grijalba

INTRODUCCIÓN

LA PRESENCIA DE LO NÓRDICO EN LA ARQUITECTURA MODERNA

Lo verdaderamente difícil, cuando se trabaja en el terreno de la figuración, es definir el carácter del edificio sin recurrir al convencionalismo ni al pastiche, como hizo Asplund en toda su obra y, especialmente, en la ampliación del ayuntamiento de Göteborg. Del mismo modo, cuando se opera en el terreno de la abstracción, lo más difícil es dar con lo esencial sin hacer simplificaciones, concediendo espacio a la vida en toda su riqueza y complejidad, como lo consiguió Mies en la National Galerie de Berlín.

Carles Martí Arís, DPA 16, Abstracción (2000)

No siempre el título de un libro ofrece tantas pistas sobre su contenido. En este caso, las pistas son más que elocuentes. Estamos frente a una recopilación de ensayos que se ciñen a los países nórdicos como ámbito geográfico y a la modernidad como marco temporal. Este título, "Luces del Norte", también ha sido una manera recurrente de referirse a la cultura nórdica. En 1995 el Centro de Arte Reina Sofía de Madrid reunía algunas de las pinturas más importantes del romanticismo nórdico bajo el título "Luz del norte". Una década antes, otra exposición recorrió Estados Unidos mostrando las pinturas más significativas del mismo periodo, entre 1880 y 1911. En esa ocasión, el título "Northern light" aludía al fenómeno lumínico que va asociado a la luz del norte: la aurora boreal.

Efectivamente, una de las maneras de abordar la temática nórdica es tratar de reflexionar sobre su característica luz. Cuando el crítico noruego Christian Norberg-Schulz aborda el tema, en el libro *Nightlands. Nordic Buildings* (The MIT Press, 1996), apunta a la luz como uno de los fenómenos que más claramente diferencia el norte del sur. Norberg-Schulz remarca que el sur se asocia a lo meridiano, literalmente aquello "claro, luminoso". Por el contrario, el norte remite a la noche, a la oscuridad. No en vano, la luz nórdica ha sido una característica distintiva de las pinturas de Vilhelm Hammershøi (Copenhague, 1864-1916), las películas de Carl Theodor Dreyer (Copenhague, 1889-1968) y la arquitectura de Sverre Fehn (Kongsberg,

Noruega, 1924-2009), por citar sólo tres ejemplos. De esta manera,
una luz cegadora baña los paisajes sureños, mientras que en el norte
es una luz tenue y de poca intensidad durante escasas horas al día.
La luz nórdica se asemejaría a un velo translúcido que desdibuja los
límites y consigue que todos los colores se parezcan. La falta de contrastes provoca que personas, objetos y naturaleza se fundan con
el entorno. Sin embargo, en los meses estivales la situación es otra.
Los paisajes y las ciudades reciben una luz más intensa, brillante y
prolongada. Durante esta época, el anhelado mediterráneo parece
emigrar y confundir a los nórdicos. Esta variabilidad es la característica principal de la luz del norte. Así, más que su velada y fría presencia, sería su dramática y sostenida ausencia aquello que define los
ambientes nórdicos. No obstante, no es sólo la luz aquello que condiciona la arquitectura nórdica y su presencia en la cultura moderna.
Cabría preguntarse, entonces, ¿cuáles son los valores concretos de
la modernidad? y ¿hasta qué punto las obras nórdicas suponen una
aportación específica? En este sentido, conviene acudir a las palabras de Carles Martí en torno a Asplund y Mies, nacidos con sólo seis
meses de diferencia. El primero permanece ligado al nacional romanticismo y al clasicismo nórdico antes de introducir la modernidad en
los países nórdicos a través de la Exposición Universal de Estocolmo
de 1930. El segundo se relaciona con las vanguardias neoplásticas y
constructivistas antes de desarrollar una arquitectura que se asocia-
rá con los valores propios de la modernidad. Las palabras clave para
describir sus respectivas propuestas arquitectónicas son *figuración*
y *abstracción*. Ambas suponen dos polos muy efectivos para explicar
los logros de la modernidad y, más específicamente, los logros de la
arquitectura moderna. En general, asociamos el término *abstracción* a
la búsqueda de lo esencial por encima de lo particular y contingente.
Arquitectónicamente, las obras abstractas persiguen el establecimiento de una construcción formal dotada de un orden reconocible.
Una construcción formal en la que una serie de elementos se relacionan según reglas geométricas y sintácticas, al margen de significa-
ciones de tipo social o cultural. En sus obras, Mies tiende a aislar y
manifestar los elementos que las componen, como marca el procedimiento abstracto. Así, su arquitectura ilustra con claridad los logros
de la modernidad. Por otro lado, asociamos lo *figurativo* con la forma

sensible y aparente de las cosas, con su figura. En arquitectura, tiende a fomentar las dimensiones sensibles o perceptibles de las obras, y desplaza el interés de las puras reglas sintácticas a sus implicaciones expresivas, ya sea desde el punto de vista de la sociedad, de la economía o del uso. De esta manera, el procedimiento figurativo pone de relieve los principios de composición y promueve la proyección emocional, es decir, la *empatía*. De hecho, es empatía aquello que el visitante experimenta al recorrer la rampa italiana que une la calle con la Biblioteca de Estocolmo, o al cruzar el patio de acceso de la ampliación de Göteborg. En estos ejemplos, los usuarios perciben aquél característico epicúreo confort nórdico. De modo que, ya sea a través de la dimensión doméstica de las obras de Asplund o Jacobsen, o del carácter público de Aalto o Utzon, las arquitecturas nórdicas parecen potenciar la vinculación sentimental por encima de los valores universales e inteligibles que recrean arquitecturas más ortodoxamente modernas, como las de Mies. Esta vertiente figurativa otorga una especial importancia a la cuestión del carácter, etimológicamente, "la condición que nos permite conocer lo que una cosa es", su "marca" o "impronta". Con ello se subrayan los valores expresivos que la obra trata de manifestar, pero sobre todo, se potencian los valores empíricos y psicológicos de la arquitectura. La cuestión del carácter en las obras nórdicas afianza a la modernidad en la senda de lo atávico y primordial. Y no únicamente a través de la abstracción de sus elementos, sino también a través de la elaboración figurativa de sus formas, restableciendo su conexión con lo más arcaico de la tradición. Como afirma Paloma Gil, "los nórdicos (...) distribuyeron sus fuerzas entre la modernidad que quería hacer más efectivo el modo de vivir que ansiaban y que se haría visible mediante la arquitectura, y la conciencia del pasado, de la tradición, de las construcciones arraigadas a lugares y momentos prolongados". Por tanto, en esa búsqueda de los principios originales y primigenios reside el carácter esencial de la arquitectura nórdica y su principal aportación a la modernidad.

Daniel García-Escudero; Berta Bardí i Milà

A

STRANDVEJEN

Félix Solaguren-Beascoa

1. LISELUND

En la isla de Sjælland, por su costa este discurre la carretera 152: Strandvejen. Su origen está en la capital del país, Copenhague, y su final se encuentra al norte de la isla, en Helsingør, junto al estrecho del Sund, frente a las costas suecas, en el bosque donde se encuentra la vivienda que Jørn Utzon se construyó en los años cincuenta. Esta arteria rodada es un vínculo de vida, un símbolo de la arquitectura de los últimos doscientos años. Discurre junto al mar, frente a las luces lejanas del horizonte sueco uniendo lugares de ocio, de trabajo, edificios simbólicos, viviendas sociales y casas unifamiliares. Strandvejen circula entre los hayedos donde discurrió la infancia de Jacobsen, de Mogens y Fleming Lassen; salva el enorme árbol de tronco vacío que inspiraría muchas de las narraciones de Andersen. Strandvejen atraviesa los escasos paisajes exteriores pintados por Wilhelm Hammershøi a finales del siglo XIX. En la capital y al sur de la misma, Strandvejen –la carretera 152– va cambiando de numeración: 151, 209, 265 para acabar siendo la 287 que muere en el acantilado blanco de Møns Klint, en Liselund, en el pabellón de finales del XVIII que ofrecería una nueva óptica frente a la confrontación entre el revisionismo clasicista y la naciente modernidad europea de la arquitectura blanca. Cerca de allí, en la vecina isla de Fyn, en su costa sur, se encuentra la localidad de Fåborg. Su museo es obra de Carl Petersen y representa otra de las piezas claves de la arquitectura escandinava. Strandvejen propone una actitud: no perder la tradición, la cultura y la identidad emanada del pasado: encontrar la idea que originó la forma del hacha de piedra, algo que permite que el mundo evolucione. Señalaré dos momentos que considero fundamentales y que reflejan esta filosofía de Strandvejen.

A finales del siglo XVIII y comienzos del XIX, la nueva Europa busca referentes. Las miradas se fijan en el Mediterráneo. Se idealiza su cultura que desata un interés permanente por el mundo clásico, por sus ruinas y por sus objetos. Un buen ejemplo sería la estela de Hegeso.[1]

---

1. Klismos, 410 aC.

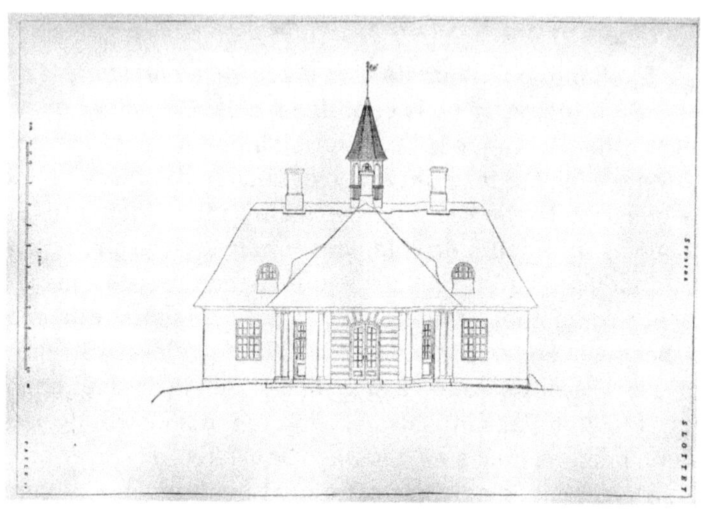

(1)
Pabellón de Liselund, 1792-1795
Andreas Kirkerup

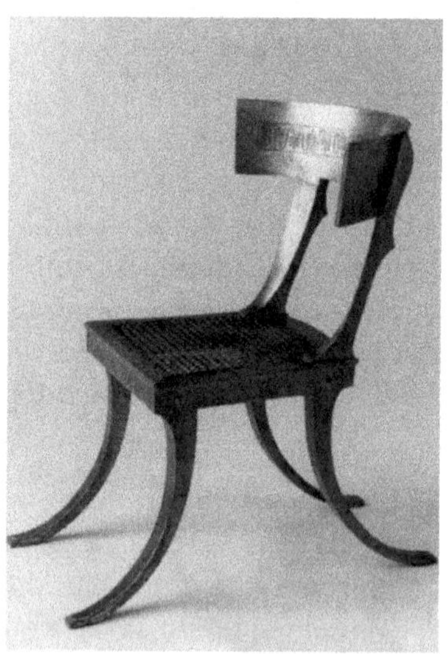

(2)
Silla Klismos, alrededor de 1800
Nocolai Abilgaard

Uno de los personajes de la escena de la lápida aparece sentado; la silla donde descansa se convertiría en un símbolo del nuevo el mundo Occidental. Se reproducirá en Londres, en Boston, o en Munich. La silla Klismos aparecerá por doquier. También en Dinamarca y de un modo más radical, más ferviente: Nicolai Abilgaard diseñará el modelo Klismos alrededor del año 1800. Pero esta actitud no es nueva en Europa. El sublime Palazzo italiano, por ejemplo, se exportó desde Roma a Londres, París o Copenhague. Pero no echó raíces en estas ciudades, no hasta que en Estocolmo, y por vez primera, el gran Palazzo masivo y cúbico se hizo realidad. En el siglo XVII la capital sueca era una pequeña ciudad medieval que se erigía en un islote, uno de tantos, de la costa oeste del mar Báltico. La muralla que la rodeaba fue desbordada por viviendas realizadas extramuros. Las casas eran decolores vivos y, como en las ciudades italianas, estrechas callejuelas conducían a la parte alta, a la plaza del mercado. El nuevo y gigantesco Palacio Real fue construido reordenando el casco antiguo y contrastando con el rico entorno en una máxima rememoración del ideal mediterráneo.

A comienzos del siglo XX dos jóvenes arquitectos, Lewerentz y Asplund, ganan el concurso del cementerio del sur, de Enskede. Su proyecto se referiría a Pompeya en un mágico equilibrio con el bosque sueco aceptándolo como parte primordial de la propuesta.

A finales de la segunda década, en 1918, Asplund realiza el encargo de una propuesta para una pequeña capilla funeraria: la Capilla del Bosque. Las referencias vuelven a ser evidentes y sus miradas se depositan en el Mediterráneo. Asplund se casa en 1917. Inicia un viaje de novios por Dinamarca ya que no puede volver a una Europa que está en guerra. Visita lugares, arquitecturas tradicionales, edificios significativos, entre ellos un pequeño pabellón de caza al sur de la isla de Møn obra de Andreas Kirkerup y que databa de finales del XVIII: Liselund.

A su vuelta a Suecia Asplund escribe un artículo sobre un libro dedicado a Liselund realizado por un grupo de jóvenes arquitectos daneses en un momento de revisión de la arquitectura, una revisión que no apuntará hacia los nuevos sistemas productivos que iban apareciendo sino que, en un gesto de autoafirmación e identidad frente al nuevo modelo europeo, apuesta por el estudio y análisis de las propias raíces. Era un acercamiento a la naturaleza y a la propia cultura. El libro analiza y desmenuza el pequeño pabellón, su paisaje, su entorno, sus objetos, su mobiliario, sus texturas. Asplund acaba el artículo sobre ese fundamental libro de la siguiente manera: "Y Liselud es de ese tipo de libros que, cuando se estudian, hacen fluir un nuevo estímulo para volver a trabajar sobre los viejos dibujos con renovadas fuerzas". A su regreso a Estocolmo Asplund modificará radicalmente la primera propuesta de la Capilla del Bosque.

En el siglo XX y a comienzos de la década de los sesenta aparece definitivamente un nuevo medio: la televisión. Se cambiarán escalas y conceptos y se ofrecerá una dimensión nunca antes conocida. Por primera vez se retransmite en directo un debate político para acceder a la presidencia de los USA: Kennedy contra Nixon. Previamente al debate, el candidato demócrata prepara los últimos detalles para el inmediato enfrentamiento. En la sucinta escena, sobre un fondo blanco, sin decoración, resalta el traje oscuro del joven Kennedy que arrebataría el triunfo por un pequeño puñado de votos a un sudoroso Nixon que vestía en tonos claros. En el escueto decorado destacarían doce sillas. Dichas sillas se habían diseñado diez años antes; su autor era un joven diseñador danés llamado Hans Wegner. La elegante silla, lacónica hasta en su nombre, "La Silla", estaba realizada enmadera de teca y en piel. La teca es una madera elegante y dura, elegante e incorruptible que en su manipulación exige un alto nivel de artesanía. Cada nudo, cada detalle debe ser una pequeña obra de arte. La teca no puede ser cortada en piezas de gran longitud; tampoco su dureza permite una elaboración análoga a la de otro tipo de madera. Ello limita sus dimensiones y, por consiguiente, condiciona su uso.

En la realización de la vivienda rural danesa estas características marcarían su sentido constructivo. En primer lugar como cerramiento: Su uso como fachada significaría la transformación inicial de los duros troncos de teca para convertirlos en tablones de medidas homogéneas. Posteriormente se recubrirían de barro y brea. Esta

---

2. E.G. Asplund. "Liselund". *Arkitektur*. 1919.
3. *Liselund*. Kampmann. Foreningen af 3 December 1892. Copenhague. 1918.
4. Hans Wegner colaboró con Arne Jacobsen en el diseño del mobiliario del interior del Ayuntamiento de Aarhus.

disposición del panelado quedaría acotada y abrazada por una estructura ligera, también de teca, que dibujaría el volumen. Se soluciona, se rigidiza y se protegen, además, los extremos del cerramiento ritmado, estableciéndose una regularidad formal a la que se someterían los demás elementos del conjunto como puertas y ventanas. La realidad constructiva, la estructural y la formal irían íntimamente vinculadas.

El sentido de lógica modular constructiva fue básico en Dinamarca y permitió una evolución compositiva al aceptar esa jerarquización entre cerramiento y estructura. Este juego desde un sentido constructivo quizá ayudaría compositivamente a definir el alzado definitivo que Asplund realiza en los juzgados de Göteborg. En 1931 Asplund toma posesión de su plaza de profesor en Estocolmo. Con tal motivo realiza una clase titulada Nuestro concepto arquitectónico del espacio[5] realizando un análisis de ocho culturas diferentes.[6]

En su clase, Asplund realiza una reflexión sobre la profundidad espacial y el espacio infinito como símbolo principal de la Cultura Occidental Moderna:

> *"El primer símbolo de la cultura occidental es el espacio infinito... Nosotros los arquitectos modernos somos los medios elegidos para que la propuesta de Spengler sea demostrada... entendiendo la disolución del espacio, no como degeneración sino como regeneración de la arquitectura".*

Asplund fue asistente de Östberg durante la elaboración del ayuntamiento de Estocolmo y estaría influenciado por este edificio en el de los juzgados; Östberg admiraba la arquitectura del danés Nyrop.[7] Jacobsen se inspiraría en el edificio de Göteborg para la realización del Ayuntamiento de Aarhus. Además de ser fundamental en el proyecto definitivo de Asplund para la Capilla del Bosque en Enskede,

---

5. Cfr. Erik Gunnar Asplund.*Escritos 1906/1940. Cuaderno de viaje.* El Croquis Ed. Barcelona. 2002.

6. Asplund es deudor de Oswald Spengler cuya obra *La decadencia de Occidente* tuvo una gran influencia en los años veinte en Escandinavia.

7. Uno de sus edificios más significativos de Martin Nyrop sería el Ayuntamiento de Copenhague donde confluirían los intereses estéticos nacionales. Las referencias italianas se equilibrarían, una vez más, con la identidad danesa.

Liselund también sería una importante referencia para Carl Petersen[8] en el pequeño museo de la localidad de Fåborg. Previamente lo había sido para los proyectos Spurveskjul o el Norge Pavilion de Nikolai Abilgaard realizados a principios del XIX. También lo sería para las tres pequeñas viviendas que Axel Maar realiza en Klampenborg el año 1916. Una vez más podemos seguir un hilo argumental en el relato arquitectónico.

En el museo de Fåborg la fachada cóncava libera un pequeño espacio previo. En el centro, en un plano ligeramente adelantado y de un modo simétrico, se coloca el acceso enfatizado por la cubierta de pizarra y flanqueada por dos columnas dóricas rojizas que resaltan ante un sencillo revoco gris recortado por el hueco de la entrada. El edificio formaliza las reflexiones de Petersen y vuelca en este pequeño edificio su experiencia en la rehabilitación del museo Thorvaldsen de Copenhague que había realizado unos años antes. Cambiando de escala, podríamos afirmar que el habitante principal del museo de Fåborg es, quizá, una silla diseñada con Kaare Klint. La propuesta integraría referencias que encontraríamos en sillas del siglo XVIII de la lejana China y en las realizadas por la firma Thonet alrededor de 1850. Pero no olvidaría las sillas de Liselund. También las nuevas propuestas[9] de Finn Juhl manifestarían su interés permanente por el mundo clásico. Poul Henningsen[10] diseñaría la nueva luz de la Modernidad. Trabajaría con la nueva luz eléctrica que ya aparecía como alternativa a las viejas lámparas de petróleo. La vibrante transparencia del vidrio opal se mantendría por medio de la reflexión provocada por las superficies mates metálicas que seguirían ocultando el foco lumínico. Era un concepto anunciado por Carl Petersen en sus conferencias.

---

8. Petersen, un personaje clave de principios del siglo XX realiza una serie de conferencias que son fundamentales en la cultura arquitectónica escandinava. Su título: *Contrastes, Colores y Textura.* (Ver la publicación *Liselund* y tres conferencias. ETSAB en preparación). Petersen realizará a primeros del siglo XX la restauración del museo Thorvaldsen.
9. La silla *Egipcia* de 1949 conserva rasgos de las que aparecen en la decoración de la tumba de Tutankamon.
10. Henningsen sería además editor de la revista *Kritisk Revy* 1926, donde defendería las nuevas ideas de la arquitectura Moderna, aunque también le sería crítica por su radical rechazo al pasado.

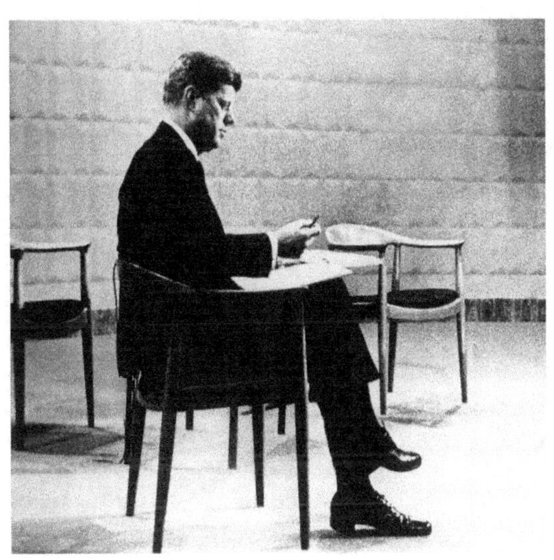

(3)
La Silla, 1949
Hans Wegner

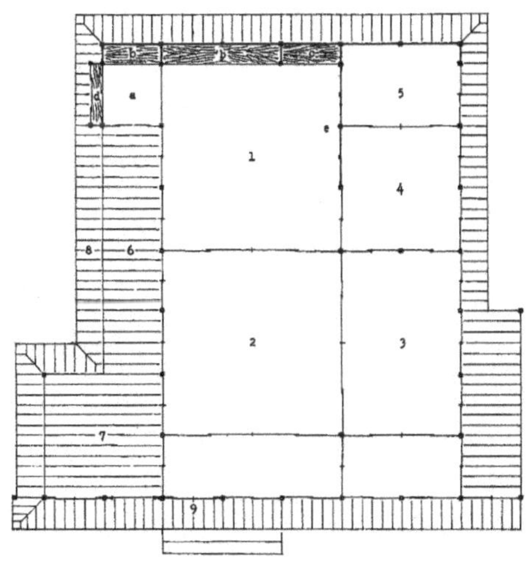

(4)
"The japanese house and Garden", The Architectural Press, 1954
Tetsuro Yoshida

2. ZUI-KI-TEI

Strandvejen corresponde al dedo meñique del Plan de los cinco dedos.[11] En la palma de la mano, el centro histórico de la ciudad. En una primera coronase sitúan las manzanas de viviendas sociales que arquitectos como Baumann, Fisker o Henningsen habían realizado en la década de los años veinte. Eran conjuntos unitarios destinados a vivienda social que mantienen una serie de rasgos comunes: son de obra vista, se organizan alrededor de un gran patio central comunitario, su estructura se resuelve mediante paredes de carga y, generalmente, se utiliza un único hueco de ventana que se repite rítmicamente en todo el conjunto.

Después de la Segunda Guerra Mundial se apuesta por la ocupación de baja densidad. El gobierno de posguerra facilitaría la posibilidad de realizar nuevas viviendas unifamiliares gracias a una política económica apropiada. Era un campo idóneo para la experimentación a bajo coste que utilizaría los nuevos procesos de producción industrial que, asimilado por un alto nivel de artesanía, aceptaría el lenguaje abstracto. La carretera de Strandvejen sería el entorno natural donde aparecerían diseminadas a lo largo de los años las nuevas propuestas de Jacobsen, de los Ussing, de Iversen y Plum, de Harboe, de Lauritzen, de Clemmensen, de Koppel, de Sørensen, de Wohlert y Bo, de Gunnløgsson, de Fagerholdt, de Friis, de Utzon, de los hermanos Lassen, y de tantos otros: plantas abiertas, cajas elevadas gracias a un podio, patios pompeyanos, planos horizontales y transparencias mágicas. Breuer, Mies van der Rohe o Saarinen serían, junto a la estética oriental, unos permanentes referentes.

A finales del siglo XIX aparecen textos dedicados al arte y la cultura japonesa. En los años veinte y treinta del siglo XX, aumentó ese interés por la cultura oriental en la sociedad europea en general y en la escandinava en particular. En 1937 Bruno Taut escribiría su libro *Houses and People of Japan*[12] que al año siguiente aparecería en

---

11. Este plan se propuso en 1947 para el crecimiento de Copenhague.
12. Bruno Taut. *Houses and People of Japan*. The Sanseido Co. Ltd. Tokio. 1937. *Houses and People of Japan*. John Gifford. Londres. 1938.

Europa. Previamente Tetsuro Yoshida publicaría en el año 1935 *Das Japanische Wohnhaus* en Alemania, una cuidada edición donde se ofrecerían numerosas plantas y detalles junto a estudiadas fotografías en blanco y negro. Era una revisión de la arquitectura tradicional japonesa donde se resaltaban aspectos como la simplicidad, la funcionalidad, la sistematización, o su coste económico. La edición del libro de Yoshida del año 1954[13] está ampliada. En él aparece dibujada una serie de plantas de pabellones, viviendas, templos y palacios. Las plantas están subdivididas en cuadrados o rectángulos cuyos lados son finas líneas quebradas de idéntica longitud. Es la representación de los paneles que los limitan y cuyo movimiento queda reflejado por un pequeño trazo perpendicular que nos descubre el punto de su apertura. La estructura se representa también de un modo discreto y queda de manifiesto mediante una trama ortogonal de pequeños elementos circulares que aparecen entre las divisiones. No hay grosores. La relación entre estancias y entre el interior y el exterior quedará sometido al azar variable del movimiento de los paneles. El espacio queda difuminado, no queda definido, aunque la representación de la planta del pabellón sí lo sea. Las estancias cambian en función de las necesidades y de la época del año. Su relación con el exterior, con la naturaleza, también. Sólo dos elementos se mantendrán de forma permanente: el suelo y el techo.

Paralelamente el director del museo etnográfico de Estocolmo hacía tiempo que venía reclamando un elemento significativo que mostrara la cultura japonesa en su más puro sentido. Ante su insistencia, en 1935 y financiado por el gobierno japonés, se construye un pequeño pabellón de té en un montículo situado junto al mencionado museo. El proyecto supuso algo más que un elemento tintado de folklorismo oriental. Podía ser una parte de cualquier palacio japonés, de Katsura, de Kioto. La consideración al lugar, su posición sobre el pequeño montículo junto al museo, ya resultó todo un delicado recital de sugerencias similar al producido por los ecos mediterráneos. El respeto a los elementos naturales preexistentes marcaría el nuevo paisaje y la

---

13. Tetsuro Yoshida. *The japanese house and Garden*. The Architectural Press. Londres. 1954.

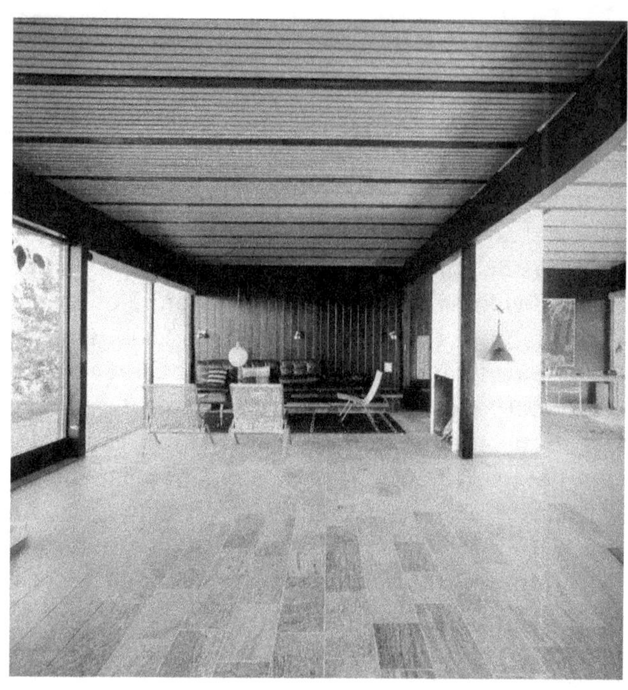

(5)
Vivienda unifamiliar en Rungsted, 1958
Halldor Gunnløgsson

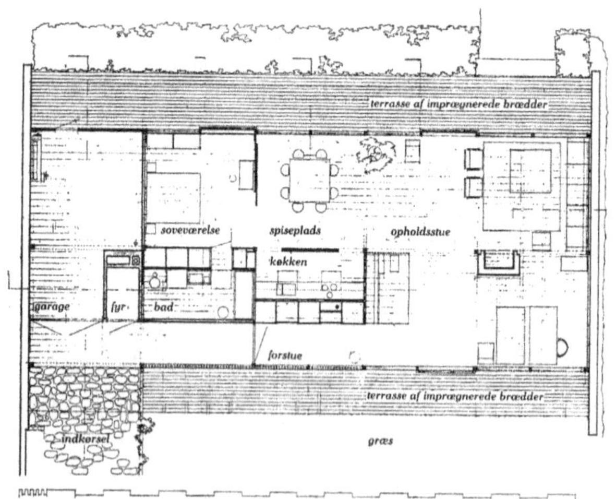

propuesta se sumaría a ellos. El orden ritual, la jerarquización de los elementos, el protocolo o la ausencia, eran unos valores implícitos que alcanzarían un nivel de pureza plástica y espacial análogos a los principios expresados por las tres clases de Carl Petersen.

Paralelamente los materiales empleados en la construcción tendrían un papel fundamental: madera, paramentos de bambú, piedra o papel. En el interior las divisiones eran paneles correderos lisos lo que permitiría una variedad permanente y, el decorado, se remitiría al elemento fundamental, al espacio. Resultaría definitivo contemplar cómo gracias a esa naturalidad se conseguiría un elegante resultado coincidente, en gran medida, con los objetivos de la nueva estética moderna. Zu-Ki-Tei representaría un modelo de autoafirmación ante las deslumbrantes propuestas de la nueva modernidad ya que tenía aspectos comunes con el primitivismo romántico nórdico y, gracias a su mayor refinamiento, las vincularía con ejemplares edificaciones posteriores. Coincidirían intereses: la integración en la naturaleza y el uso de materiales sinceros.

En 1958 Halldor Gunnløgsson se construye una casa, con motivo de su segundo matrimonio, junto a la carretera de Strandvejen. En la alargada parcela Gunnløgsson únicamente construye un refugio formalizado por dos planos horizontales: suelo y techo. La casa, de sencilla geometría está situada transversalmente en el solar. Su entrada se sitúa en la fachada oeste y perpendicularmente al acceso. La planta abraza un espacio único delimitado por dos testeros ciegos a norte y sur, y dos acristalados que se abren a este y oeste que contrastan con los anteriores. Frente a la fachada oeste se diseña un jardín sobreelevado que separa la casa de la carretera. El gran lienzo transparente utiliza un filtro de madera que amaga la entrada a la vivienda. La fachada opuesta se enfrenta al mar, al estrecho del Sund. La cubierta desbordará los planos transparentes de cristal enfatizando aún más la ambigüedad de su límite. La estructura es de pilares y vigas de madera teñidos de oscuro y se confunden con la carpintería de los alzados. Las piezas de agua, cocina y baño, se agrupan y se iluminan cenitalmente. Puertas correderas separan el dormitorio del comedor y confirman el espacio único. La biblioteca define sutilmente el límite con el estar mientras la chimenea se colocará entre el estar y el despacho. Los muebles fueron diseñados por Poul Kjærholm liberando el

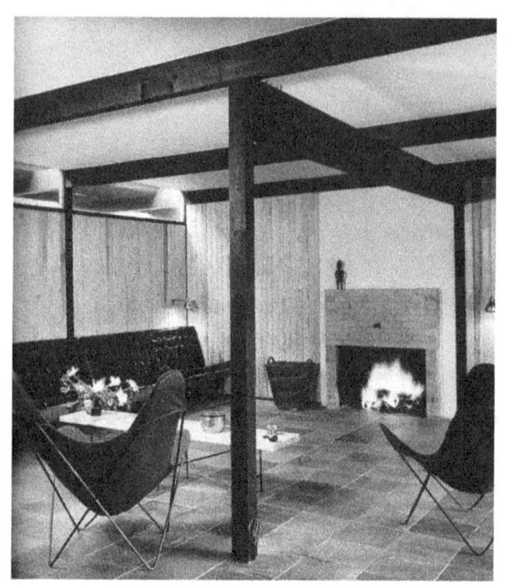

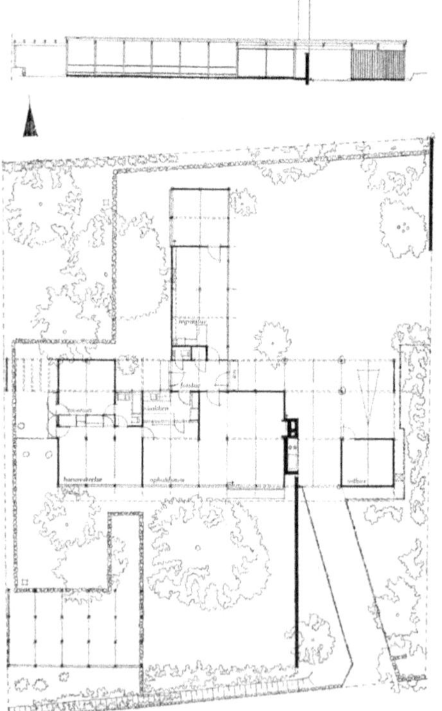

(6)
Vivienda unifamiliar en
Jægersborg, 1955
Erik Christian Sørensen

suelo y dándole, junto al techo, todo el protagonismo. La ambigüedad
moderna mantiene la relación entre del interior hacia el exterior y también, del exterior hacia el interior, como en la casa japonesa.

En una entrevista realizada a Erik Christian Sørensen, arquitecto, en
1993 éste afirma:

*"después de que todo haya sido dicho y hecho, quería llegar a los efec-
tos artísticos más básicos de la arquitectura: la proporción, la luz, lo
físico,quizá sobre toda esa luz, ese brillo, que permite que el exterior y
el interior de la casa se vinculen para crear un único lugar".*[14]

En la planta de la casa que el arquitecto se construye en 1955, encontramos mecanismos representativos similares a los del libro de Yoshida. El grosor de las paredes, tanto las interiores como las de cerramiento, pierden presencia en el momento que el arquitecto grafía las
líneas estructurales. Los pilares, de madera, también son sometidos
al juego y quedan distribuidos regularmente en la planta. Su presencia negra resalta al contrastar con las paredes y los techos blancos.
El carácter espacial del interior quedará limitado por un cerramiento
liviano que disuelve visualmente y de manera permanente el conflicto
entre interior y exterior. Sólo un elemento adquiere un cierto grado
de independencia: la chimenea acompañada por un grueso muro de
ladrillo que se dirige hacia la calle, conduciendo al visitante hasta la
escondida entrada. Un muro de ladrillo también estará presente en la
casa que Utzon se construye en 1952 al final de Strandvejen, en Hellebæk, en los bosques que rodean Helsingør. Por primera vez aparece
en Dinamarca una distribución de planta abierta. Bajo la pérgola, el
vestíbulo, entre el garaje y el muro, bordeando el camino: es el espacio central. El plano horizontal, la plataforma, será el generador de la
vivienda que se abre al sur mediante amplias terrazas escalonadas
que siguen la pendiente del terreno. Otra vez grandes paramentos de
cristal separan el interior del exterior manteniendo una continuidad
visual que prolonga la casa hacia el bosque. La división interior se realiza por medio de paramentos ligeros, mientras que la fachada norte
es una pared de ladrillo amarillo que no dispondrá de ventana alguna.

---

14. Cfr. Christoffer Harlang. *Espacios nórdicos*. Elisava Edicions. Barcelona. 2001.

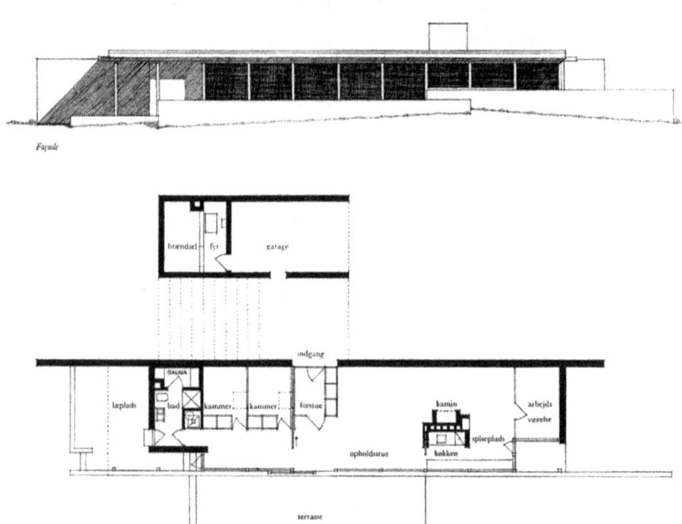

(7)
Vivienda unifamiliar en Helbæk, 1952
Jørn Utzon

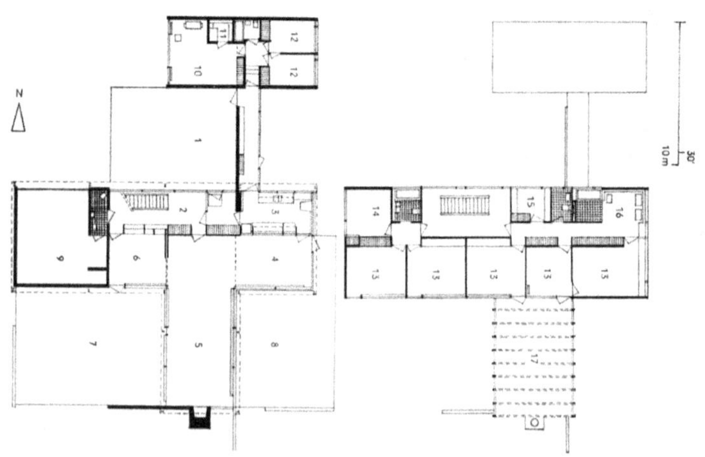

(8)
Villa Österstrand en Vedbæk, 1953
Erik Christian Sørensen

También podemos encontrar una disposición similar en la planta realizada en lavilla Österstrand en 1953 por Sørensen. En la planta baja, la fachada está acristalada prácticamente en su totalidad enfatizando esa disolución entre el interior y el exterior.

El proyecto se compone de dos volúmenes unidos entre sí por un pasillo. En el volumen principal se definen dos crujías. La primera, situada en la cara norte, contendrá los servicios: vestíbulo de entrada, escalera, y aseos. La segunda, en forma de "T", la zona de día con el comedor, un despacho y el salón que queda delimitado en su fachada sur por la chimenea. En la planta superior el esquema se repite situándose los dormitorios en la cara sur y la banda de servicios en la norte. El segundo volumen se destina al personal de servicio. La estructura es metálica y soporta una losa de hormigón. El resultado es el de un volumen de madera, elevado, que flota en el espacio. Una caja mágica que insiste en el ambiguo juego exterior-interior.

En 1957 Vilhelm Wohlert construye una casa para invitados al norte de la isla de Sjælland donde continúa con la experimentación en el campo de las segundas residencias.[15] El proyecto consta de cinco habitaciones para invitados junto a un bosque y algo alejada de la residencia principal. La construcción es otra caja mágica de madera sobre una plataforma horizontal también de madera. En su fachada sur el cerramiento es doble y permite establecer relaciones variables con la terraza.

El espacio único era la base de la vivienda rural danesa. En su posterior evolución apareció una estancia en la cara este del espacio común para los animales que protegía a los habitantes del frío del viento. Los materiales eran los del lugar, los que ofrecía la naturaleza. En 1916 Ejnar Dygge, uno de los miembros de la Asociación 3 de Diciembre, realiza un conjunto de viviendas aisladas al norte de la isla de Sjæland donde se recupera ese interés por la centralidad de la vivienda tradicional danesa: la zona común se sitúa en el centro de la planta a modo de patio cubierto. A ambos los lados los dormitorios y la cocina. Con una propuesta de distribución similar Kay Fisker ganaría, en 1917, el tercer premio del concurso de viviendas de veraneo convocado por el diario Politiken.

---

15. Pabellón de invitados para Niels Bohr. Tisvilde.

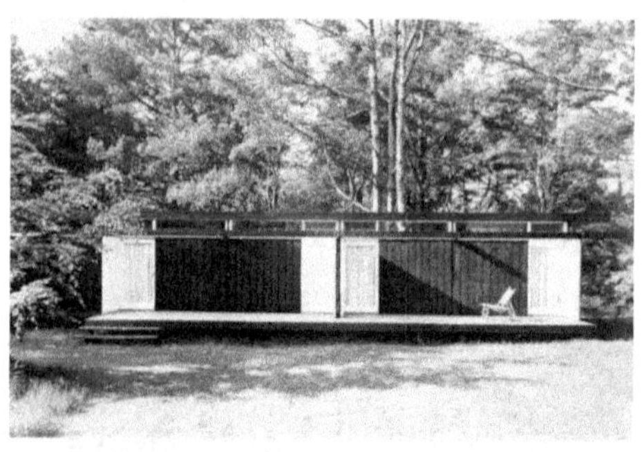

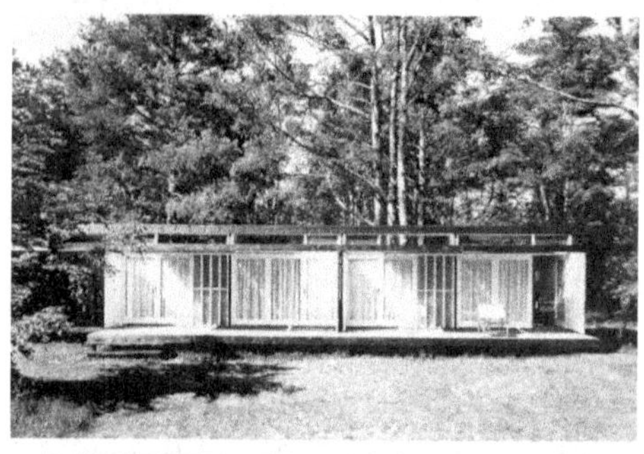

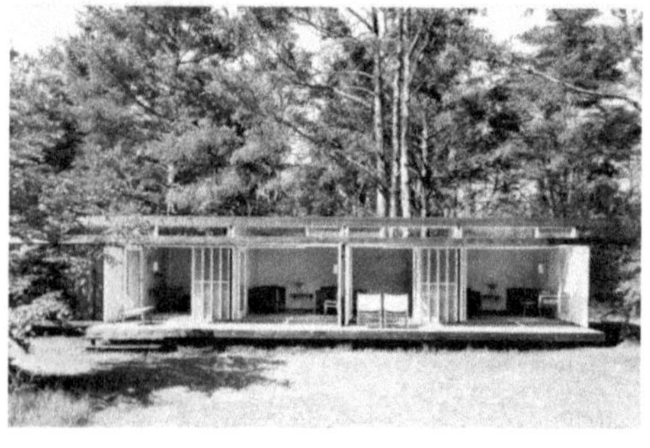

(9)
Pabellón de invitados para Niels Bohr
en Tisvilde, 1960
Vilhelm Wohlert

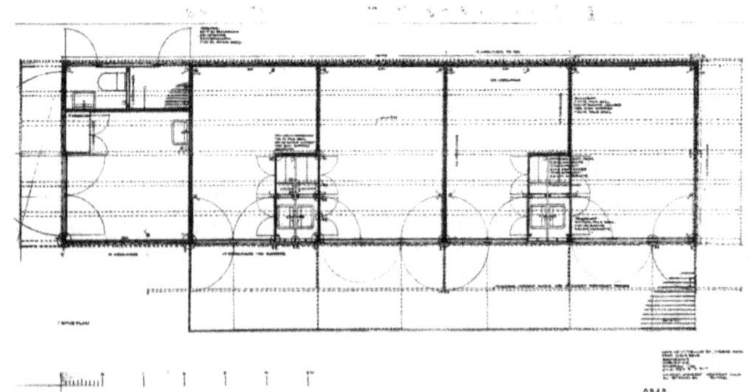

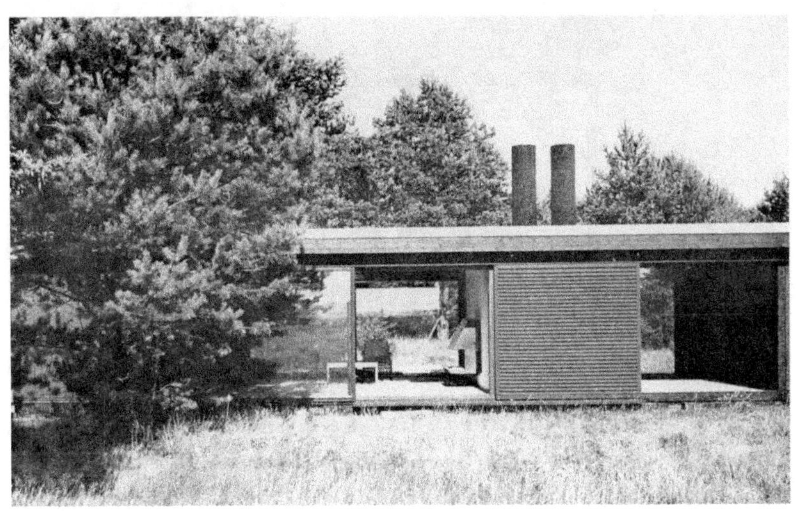

(10)
Vivienda unifamiliar en Horbæk, 1960
Nils Fagerholdt

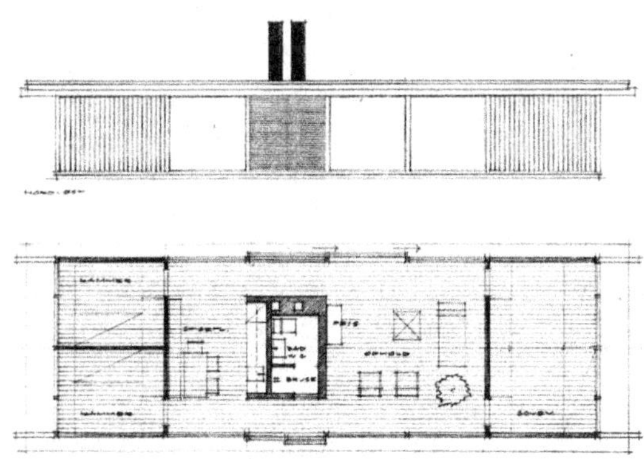

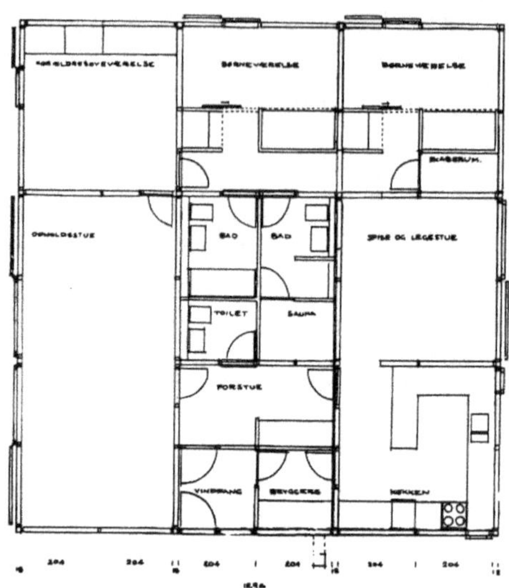

(11)
Vivienda prefabricada Kuadraflex en Ishøj, 1971
Arne Jacobsen

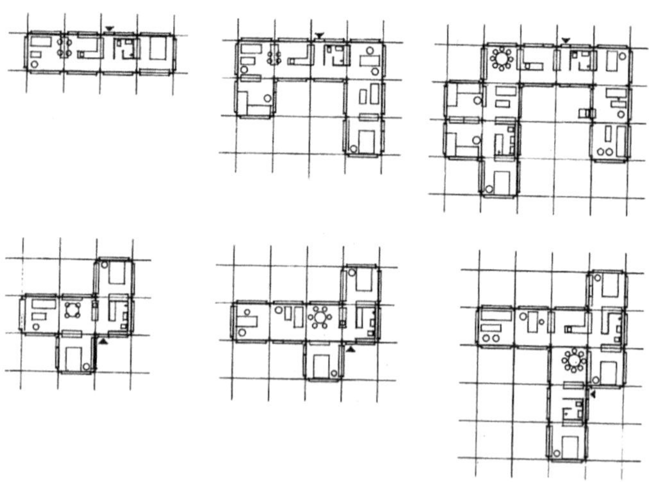

Nils Fagerholdt se construye una casa de verano en 1960 en Horbæk. Fagerholdt trabaja liberando el centro y ubicando los dormitorios en los extremos cortos del pequeño volumen: repite el esquema de la vivienda rural danesa.

La posición del núcleo de servicios en la zona central, jerarquiza y ordena la planta. Las persianas correderas exteriores se utilizan como protección solar y a la vez como ventilación y mantienen la modulación y la voluntad abstracta del pequeño proyecto ubicado en medio del bosque danés.

La preocupación de Jacobsen por la prefabricación le invita a realizar en 1969 una casa modular Kuadraflex. Contrariamente a la propuesta anterior, Jacobsen ocupa la totalidad de la planta colocando los servicios en el centro. Esta compacta propuesta evolucionará en un segundo proyecto, Kubeflex, con la creación de un elemento modular de unos 12 m² de superficie que se podrá ir agrupando según las necesidades del usuario. Utzon trabajará con el mismo concepto en el sistema denominado Expansiva, aunque unos años antes, en 1953, confirma su interés por los sistemas constructivos, la prefabricación y la sistematización en el proyecto de la casa Middelboe de Holte. La construcción era el prototipo de un gran conjunto de viviendas similares y realizado con pilares y vigas de hormigón prefabricado, cerramiento de madera, y pensado para su producción industrial. Se formaliza en un volumen elevado que permite gozar de las vistas sobre el lago de Furesö manteniendo la privacidad con respecto al entorno. Una vez más el plano horizontal y la estructura serán los detonadores de la propuesta.

En 1958 Knud Friis proyecta una casa en Brabrand cerca de Aarhus: sobre unas paredes de carga que recintan la propiedad se construye una caja habitable de dos plantas. En la inferior los dormitorios, la cocina y el comedor disfrutan del pequeño recinto privado. En el nivel superior, el estar. Las fachadas se contraponen a las definidas en la planta inferior: dos vigas longitudinales de hormigón se apoyan en el podio recintado. En la planta piso los lados cortos son acristalados y permiten disfrutar de las vistas de un lago situado al sur.

Pero, ¿son estas viviendas proyectos de actualidad? Según Tobias Faber[16]

---

16. Cfr. Tobias Faber. *Nueva arquitectura danesa*. G. Gili. Barcelona. 1969.

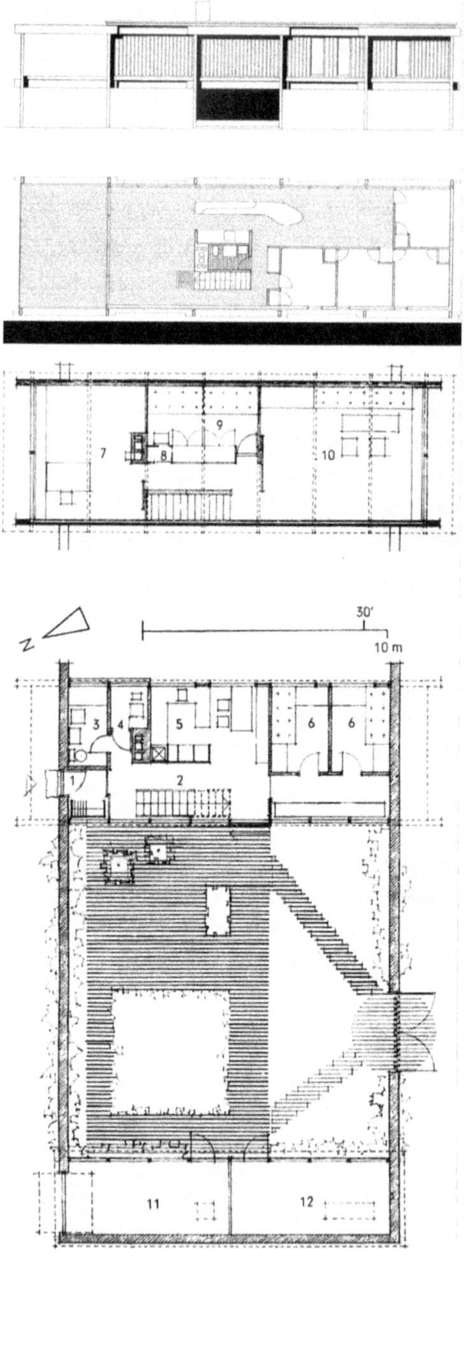

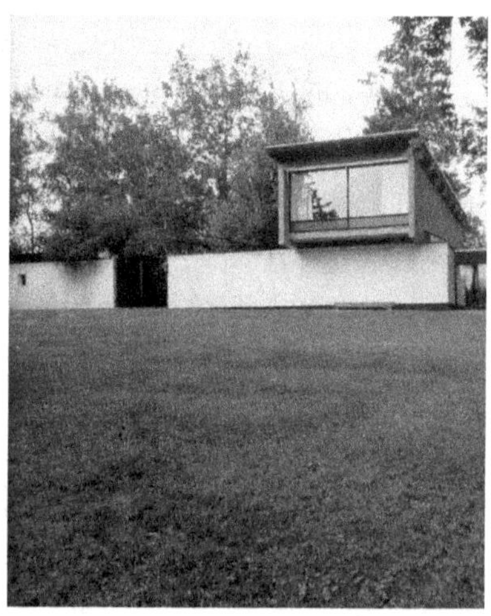

(12)
Vivienda unifamiliar
en Brabrand, 1958
Knud Friis

son casas construidas por arquitectos para sí mismos que reflejan más sus ideales que el nivel general de la vivienda.

Strandvejen, la carretera 152, no es sólo una carretera sino que propone una actitud: no perder la tradición, la cultura ni la identidad emanada del pasado. Strandvejen es el lugar de los grandes bosques de hayas, junto a la costa, junto al mar, frente al horizonte sueco, allí donde una vez más resuenan las palabras de la Asociación de Estudiantes 3 de Diciembre 1892, y vuelven a tener sentido:

> *"El estilo que estamos buscando ya había surgido hacía tiempo, si no en la práctica, al menos sí en la teoría; su idea yacía escondida tras la forma del hacha de piedra, tras el intercolumnio de la granja danesa, tras la planta de la iglesia rural y tras el diseño estructural del canon".*

Así pues la carretera 152, Strandvejen no es una realidad casual. Es algo más profundo que expone el hilo argumental de la gran lección nórdica: evolución y revolución, la revolución desde la evolución.

B

INTERMEDIOS

Paloma Gil

INTERMEDIOS

El intermedio definido en música es una pieza que no tiene relación estructural con la que le precede ni con la que le sucede y normalmente tiene el carácter de un divertimento. La analogía se utiliza normalmente para entender el mundo y también para entender y explicar la arquitectura, pero en el caso de los arquitectos nórdicos no es fácil encontrar ejemplos espaciales que quepan dentro de tal consideración. De modo que no cabe aquí quizá, jugar con las melodías ni los acordes, ni es oportuno hablar de Beethoven, que si fue una figura de transición entre el clasicismo y el romanticismo, y en sus obras los especialistas ven bien el lugar a medio camino entre la historia en el que se encuentra. Es intención de este texto tratar lo intermedio como un concepto amplio. Habitualmente en arquitectura se ha explicado como la manera en que se disponen y relacionan los espacios, los materiales y los elementos con la finalidad de graduar, mitigar o atenuar las relaciones entre los usuarios y el medio, el campo o la ciudad. Pero esta mediación se refiere al encuentro entre el interior y el exterior, de modo que condiciona la transición entre el mundo del proyecto y lo que existe fuera. Este tipo de mediación se realiza mediante pórticos, terrazas, galerías o mediante los patios. Aquí voy a intentar referirme también a otro tipo de relaciones, en función de la posición y de la finalidad organizativa que se le otorga a un espacio ya sea exterior o interior. Esto se entiende desde la idea de edificio como sistema, de su existencia en virtud de las relaciones internas o estructurantes que existen entre los elementos que lo componen. En este sentido, encontramos, las categorías de interior-exterior, abierto-cerrado al entenderse que los espacios pueden estar abiertos o cerrados en relación a otros; lo grande y lo pequeño, es decir la escala relativa; lo vacío y lo completo que también es una referencia interna, etc.

Se trata de plantear lo intermedio no como una idea abstracta, sino como un concepto que se materializa en los proyectos, o en parte de ellos, que se hace visible reconocible, como una marca que queda, que ha quedado, sobre obras que hemos visto muchas veces y estudiado también muchas veces. Así que no se trata de descubrir nada nuevo. La intención de estas líneas es la de poner un poco en orden algunos términos, o analizar panorámicamente algunos proyectos por categorías que se repiten. Que se repiten en lo nórdico, y seguro que en otras arquitecturas. Como específico de los nórdicos encuentro dos cuestiones, una es clara y sabida y es que, más que otros arquitectos de otros lugares trabajaron con el corazón dividido en dos: distribuyeron sus fuerzas entre la modernidad que quería hacer más efectivo el modo de vivir que ansiaban y que se haría visible mediante la arquitectura, y la conciencia del pasado, de la tradición, de las construcciones arraigadas a lugares y momentos prolongados. En este doble empeño de los nórdicos estuvo presente la conciliación de opuestos, una cuestión sobre la que Jørn Utzon habló repetidamente. Pero además lo que hicieron fue dar cabida en sus mejores obras a cuestiones que no entran en valor por su posición ideológica o formal, simplemente existen, han permanecido desde siempre, o existen desde el inicio de lo moderno. Como venerables sabios hindús ante un enorme retablo que recoge inmensas posibilidades, los nórdicos no se quedan sólo con lo nuevo; nunca con un modo único de pensar la arquitectura. Probablemente no quieren descubrir nada completamente nuevo, sino recrearse en lo que conocen en lo que han visto o aprendido para poder reinterpretarlo.

La función

Por el contrario, el compromiso utilitario de la vanguardia moderna de la primera mitad del siglo XX persigue sólo lo objetivo, con un sentido contumaz de lo universal que queda expresado en las palabras que Adolf Behne escribe en 1923.

> *"El guía más seguro hacia una configuración absolutamente objetiva, necesaria y extraestética, es la adecuación a las funciones técnicas y económicas que trabajadas con coherencia deben conducir a la liquidación del concepto de forma. Una construcción sería entonces, ya sin condiciones, una pura herramienta."*[1]

La arquitectura objetiva querría haber sido indiscutible por asimilarse a la lógica, y extraestética por el despojamiento de todo lo superfluo. Tomado de modo literal, lo más superfluo sería el ornamento. A la propuesta de que la función debe crear la forma correspondiente, los nórdicos, por boca de Kay Fisker responden que la forma debe crecer a partir de su contenido interno, de modo que el espíritu pueda habitar la

---

1. Cit. Adolf Behne. 1923 *La construcción funcional moderna*. Ed. Del Serbal. Barcelona. 1994. p. 53.

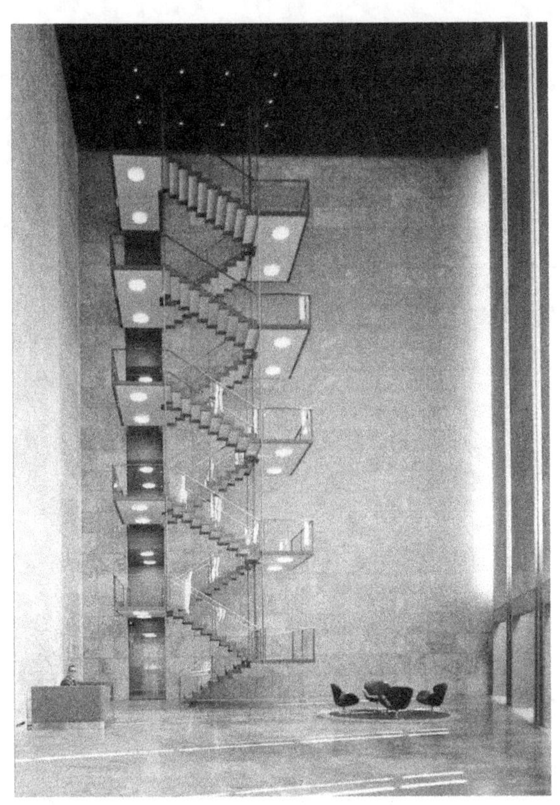

(1)
Banco Nacional de Dinamarca, 1961-1978
Arne Jacobsen

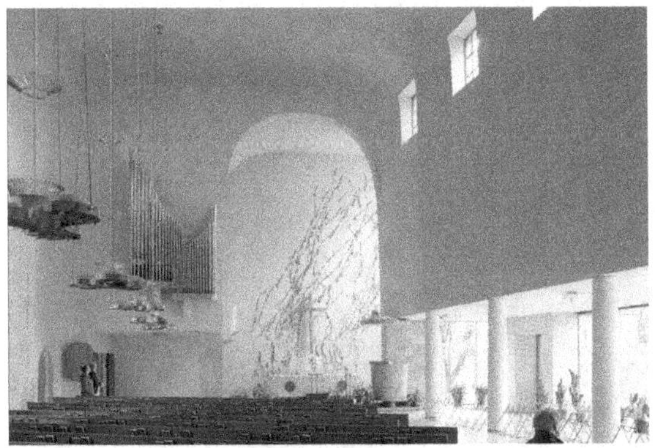

(2)
Capilla en el cementerio de Turku, 1938-1941
Erik Bryggman

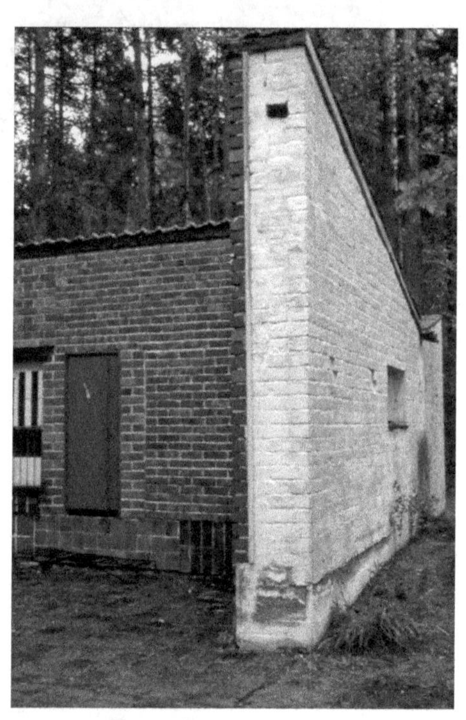

(3)
Casa en Muuratsalo, 1952
Alvar Aalto

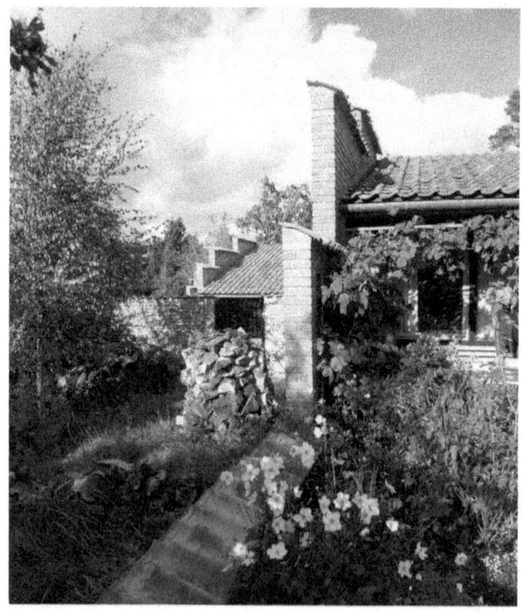

(4)
Casas Kingo, 1958-1960
Jørn Utzon

forma. Frente a la obsesión por identificar función y representación, por expresar hasta las últimas consecuencias lo utilizable con formas identificables, los arquitectos nórdicos amplían los atributos del programa con fuerzas impulsoras que no tienen la menor intención de ocultar renuncias en su contenido, y amplían la idea de función con la función emocional. En los espacios intermedios vemos, pues, en primera medida, la posibilidad de que el programa sea interpretado de un modo no dogmático, precisamente porque interiorizan el contenido emocional de la función. Ante este modo de entender la función, en los edificios de Asplund, Lewerentz, Jacobsen, Aalto, Pietilä, Siren, Ruusuvouri y tantos otros, encontramos espacios que desde un punto de vista sólo lógico o racional, no sirven exactamente para nada, porque ni su origen ni su sentido son la exactitud. También elementos en posiciones que parece como si estorbaran para que exista algo importante, aunque en realidad forman parte de sistemas de relación coherentes, como ocurre en los edificios de Alvar Aalto. Otros elementos parecen haber sido encontrados y acoplados en existencias insólitas, otros exagerados como la escalera del Banco Nacional de Jacobsen. ¿Por qué está ahí esa escalera? Pues da la impresión de que está motivada por un proceso de evocación sentimental complicado. Un proceso que interpreta un espacio absolutamente distinto en el programa, pero que si lo observamos bien, contempla un sistema de relaciones ante el espesor de los muros muy semejante. Es un trabajo analógico que investiga efectos contrapuestos. En el recinto de la capilla del cementerio de Turku vemos el fondo con el altar como sólido masa vaclado. En el Banco, el espacio del hall, enorme, escenifica como una acción sacra, el ascenso de la escalera como sólido leve emergente que se refiere asimismo a la profundidad del muro. Los dos, la masa vaciada y la escalera se perfilan mediante la luz del plano sobre el que se apoyan. Eso es todo.

Intermedios hacia el vacío

Empezamos por lo fácil, por la relación entre interior y exterior que se da en los patios de la casa en Muuratsalo y las casas Kingo. Ambas representan la particularización de un mito histórico, y lo que es más importante, una intensa investigación acerca de los límites de los edificios, de las líneas o los planos en los que terminan. Decía Alvar Aalto, en un conocido escrito titulado *Del umbral a la sala de estar*:

En el mismo texto defendía que el cerramiento del jardín es el auténtico cerramiento de la casa. Aalto ofrece una solución al problema que él mismo plantea, que no es técnica o práctica no tiene que ver con el confort o la investigación de tipologías. Porque, como dice Antonio Armesto, el patio de Muuratsalo es más que otra cosa, como una habitación de la casa a la que se le hubiera caído el techo. Está a medio camino entre el ser y el no ser, (entre el ser y no ser un espacio). Las líneas de la casa, las pendientes de la cubierta continúan en su borde, llegando a tener por este motivo un tamaño desmesurado en la visión desde el lago. No es el alzado hacia el lago un alzado heroico hacia el paisaje por su tamaño. No es una sofisticada abstracción figurativa, sino que es intencionadamente desgarbado, porque no está reproduciendo ninguna clave compositiva lógica sino el efecto abandonado de una ruina, de una construcción que ha podido perder el techo, quizá por un incendio surgido por el humo que sale en ocasiones del patio, del fuego místico, como decía Aalto. También Armesto dice que esta casa es como un fruto o un huevo, como un organismo con cáscara queratinosa y mineral exterior que protege los tejidos internos coloreados por el jugo de la vida. En esta metáfora construida entre corteza y núcleo, si el núcleo es el interior de la vivienda, el patio se descubre hacia arriba y entre la grietas y parece como que se curtiera a la intemperie, como si fuera tomando la consistencia de una cicatriz. Está en las antípodas de una piel tersa, no es un collage compuesto por fragmentos es una renovación o un renacimiento. También los patios de las casas Kingo, están cargados de intención. En estas casas Utzon define fundamentalmente un recinto en el que se acumulan acontecimientos para el habitar, un recinto que es hermético hacia las vías de circulación y las entradas, y más amable hacia el paisaje donde aparece recortado por los escalonamientos. Este proyecto formado por células precisas y al mismo tiempo con vida propia, funde dos ideas ambiguas desde un punto de vista occidental que son el "mu" y el "sengu". "Mu" es un concepto que se desarrolla a través de una manifestación depurada del budismo. Es el vacío, un estado intermedio en el que se renuncia a todo para profundizar en lo neutro. El vacío no es ausencia porque en él todo puede existir, cualquier cosa puede ocurrir no tiene sentido la separación o la exclu-

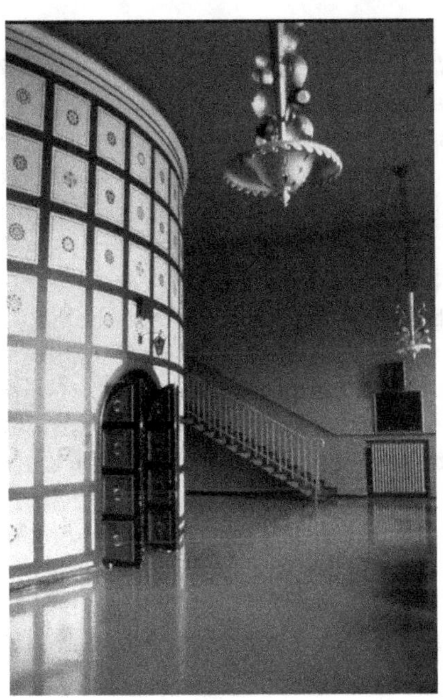

(5)
Club de Trabajadores, Jyväskylä, 1924
Alvar Aalto

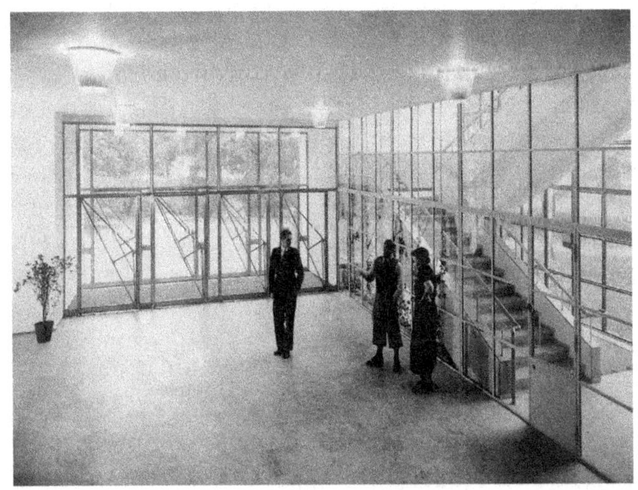

(6)
Biblioteca de Viipuri, 1927-1935
Alvar Aalto

sión. Mu es el germen de todo. En las casas Kingo está en los patios. El término "Sengu" significa el proceso de desmantelamiento y reedificación periódica de los santuarios sintoístas. El templo de Ise se reedifica cada veinte años desde el siglo VII con excepciones durante periodos de guerra. Esta idea de reconstrucción está asociada al hecho de que los santuarios se construían para ceremonias puntuales, no como lugares de culto estable. Las reedificaciones se hacen con materiales tradicionales, pero siempre existen cambios en la técnica o los materiales que hacen que el edificio nunca se aprecie como un original que no se ha alterado con el tiempo. No se trata de hacer réplicas, sino reconstrucciones. Así se representa la sincronización entre pasado y futuro mediante este modo de estabilidad de lo construido. Utzon desvela en otro proyecto la misma idea de sincronización cuando ve la necesidad de plantar los árboles ya crecidos alrededor de la iglesia de Bagsvaerd. La misión de los árboles era dotar de una dimensión de temporalidad al edificio nuevo. El arquitecto necesitaba ver su edificio como si hubiera sido construido en un tiempo indefinido, tanto tiempo atrás como pudieran demostrar los abedules con su lento crecimiento. En las casas Kingo Utzon dio unas pautas para el desarrollo en planta de la vivienda, que las harían organismos adaptables a las necesidades de cada uno de los usuarios que pasaran por ellas. Dentro del recinto estable de las tapias las trazas del habitar se materializan diversas a lo largo del tiempo, pertenecen a cada momento con los signos de lo que han sido, para mantenerse ante el tiempo implacable. En Oriente, en las formas más antiguas de casa con patio, el patio se delimita por un cuadrado que es representación de un mundo perfecto e independiente. El esquema básico cuadrado se puede multiplicar o modificar sin afectar a la armonía de la tipología original. Del mismo modo, las casas Kingo no son sólo viviendas flexibles, como a veces se han interpretado, son representaciones materiales de la vida y contienen los efectos del cambio para recrearse en la provisionalidad o en lo independiente. Los espacios cerrados son pabellones, son una franja de espacio intermedia hacia el vacío del patio. En las casas Kingo, la vivienda se hace intermedio.

Mediaciones en la geometría

En 1924 Alvar Aalto construye el Club de Trabajadores en Jyväskylä como un encuentro de dos geometrías, una circular de masa cilíndrica,

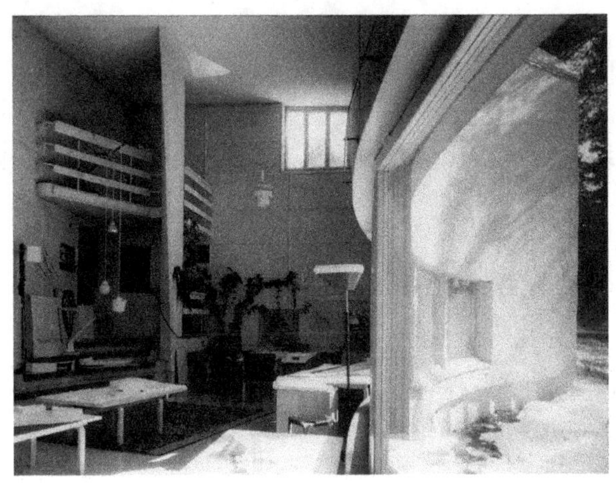

(7)
Estudio en Munkkiniemi, 1956
Alvar Aalto

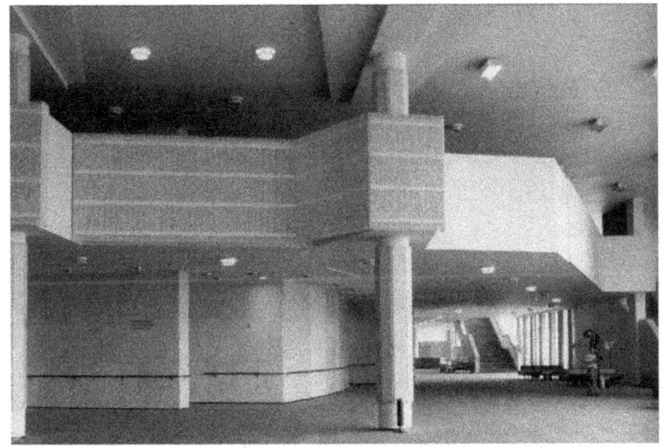

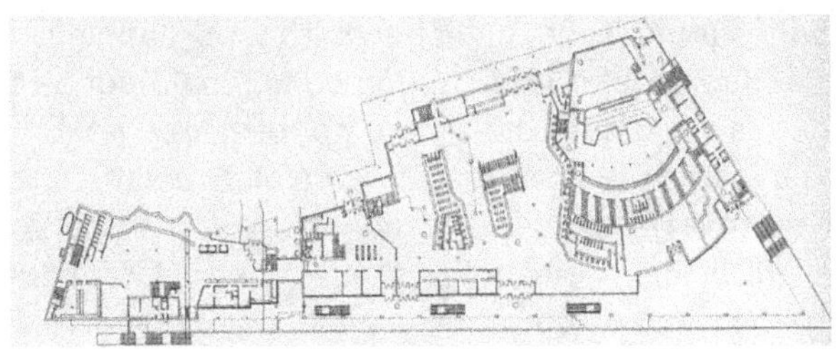

(8)
Finlandia-Talo, 1962
Alvar Aalto

dentro de un rectángulo. Aalto siempre se negó a aceptar la dictadura de la geometría ortogonal.

Como alternativa él se planteó sus propias dictaduras, o sus propios juegos, o sus apriorismos. De la combinación obligada de dos figuras como las que componen este proyecto queda un vestíbulo que absorbe los problemas de la geometría. Ya se ve bien en este ejemplo, como los espacios intermedios de Aalto, con independencia de que sean vestíbulos o no, se refieren al concepto de tránsito. Son las superficies que median en el paso de una forma a otra y además suelen ser lugares de paso. Esto que puede parecer una simplicidad, no había ocurrido antes con la naturalidad, y con el desparpajo inequívocamente moderno con el que actúa Aalto. En lugar de ocuparse de articular las partes que plantean el conflicto geométrico, de jerarquizarlas, que es lo que hubiera hecho un arquitecto antiguo, Aalto acopla y reúne, no articula, y en el vestíbulo, que acaba teniendo el mismo o más protagonismo que la sala grande, ocurren cosas. Casi siempre en sus proyectos concurren episodios del mismo tipo. En el proyecto de Jyväskylä, vemos que los planos se recortan para dejar pasar la luz o acompañar el descenso de las escaleras, y vemos también un procedimiento que se repetirá constantemente en su arquitectura que consiste en captar efectos exteriores en el interior de los edificios, en este caso el exterior de una iglesia florentina. Al final este vestíbulo acaba teniendo más importancia que la sala que precede. En la biblioteca de Viipuri, Aalto se empeña en algo tan difícil como es atravesar transversalmente dos piezas de desarrollo longitudinal, y además una de las piezas es el espacio principal de la biblioteca que contiene un grado de complejidad intenso en la misma dirección longitudinal. Siempre me ha llamado la atención este espacio que por querer conseguir un imposible, tampoco es un espacio de articulación, no puede serlo, no es una grieta. Desde el principio, el arquitecto sabía que sólo podía ser una cosa, un espacio transparente, que es, por otro lado, una cualidad de lo arquitectónico como cualquier otra. Es un espacio que por un lado quiere existir, pero por otro lado no. El cristal conjuga contrarios. La materia existe pero es como si no existiera, pues se puede ver a su través. En el estudio que se construye Aalto para sí mismo en Munkkiniemi en 1956, la definición apriorística del jardín como un pequeño anfiteatro presiona o comprime los límites del espacio del salón que originariamente habrían sido otros, hasta dejarlo casi como un intersticio. El orden geométrico del jardín manda y distorsiona completamente el espacio cerrado. Al lado del estudio, que tiene mayor dimensión, el

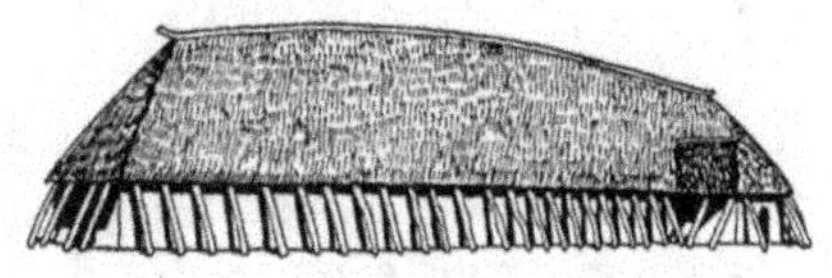

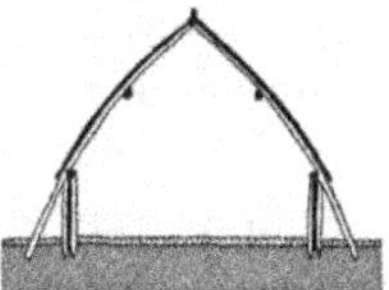

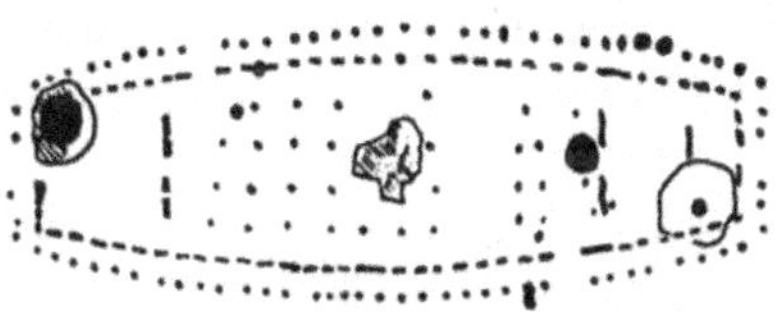

(9)
Casa larga, Trelleborg

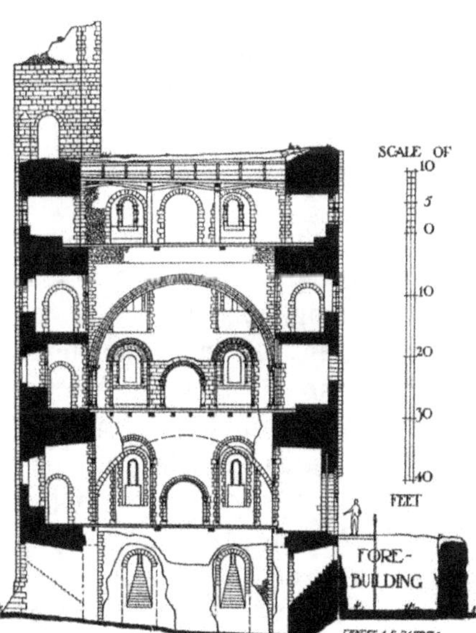

(10)
Fortaleza de Hedingham,
S. XII

salón de Munkkiniemi es tanto un escalón más del anfiteatro como un lugar del interior. Aalto se ocupa bien de mostrar su referencia topográfica con el trazado de los escalones que conducen al patio trasero. Por cierto que el trazado de estos escalones es tan leve, que al mirar la planta hacen pensar que el espacio del salón existe de milagro.

En el Finlandia-talo Aalto vuelve a arrojar el auditorio dentro del vestíbulo, igual que había hecho en el club obrero de Jyväskylä y todavía se lee más como un elemento autónomo, enigmático en un espacio en el que fluyen elementos, o quizá mejor, se interponen. Las columnas del edificio son elementos autónomos que afirman su presencia que dificultan el paso, no aceptan el tránsito indiferente. Organizan, junto con las escaleras o los balcones una estrategia compositiva basada en la discontinuidad, o en la heterotopía como dice Demetri Porphiryos. Ante la discontinuidad que hace astillas el orden predecible, el proyecto del Finlandia-talo se define mediante elementos que crean una estructura formal a la manera de un ruido coherente, que se ve en la planta y se percibe en el espacio. Es un tipo de ruido o resonancia como la de un tambura. El tambura es un instrumento de la familia del laúd, no tiene trastes tiene cuatro cuerdas y se interpreta en la música tradicional india. Las cuatro cuerdas se afinan de acuerdo con el registro del cantante y se hacen sonar constantemente creando un fondo que ayuda a que la melodía sea un bordado elaborado. El tambura no es un instrumento solista cuya interpretación tenga interés en sí. Su sonido es el ambiente en el que la canción mueve, vive y desarrolla su existencia.

El hall

El hall de los edificios se suele identificar con el vestíbulo, cuando en realidad el origen y desarrollo de los espacios a los que hace referencia es más complejo. El hall es un espacio habitable muy definido, una habitación grande en la que se pueden realizar múltiples funciones. Su origen proviene de las primitivas construcciones en las que el habitar se concentraba en un único ámbito con un fuego central. La existencia del fuego obligaba a que la altura de estas viviendas fuera mayor de lo habitual. Era necesario un volumen de aire considerable alrededor de las grandes hogueras que se encendían en el interior, que consumían una importante cantidad de oxigeno y producían abundante humo. Este es el origen del doble espacio de los halles. En la arquitectura doméstica de los países nórdicos se conserva la tradición del espacio del humo,

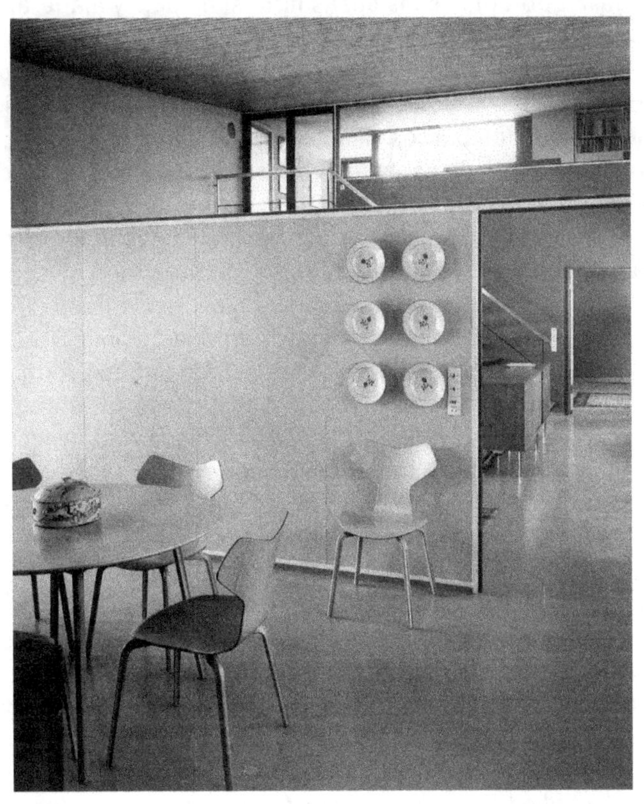

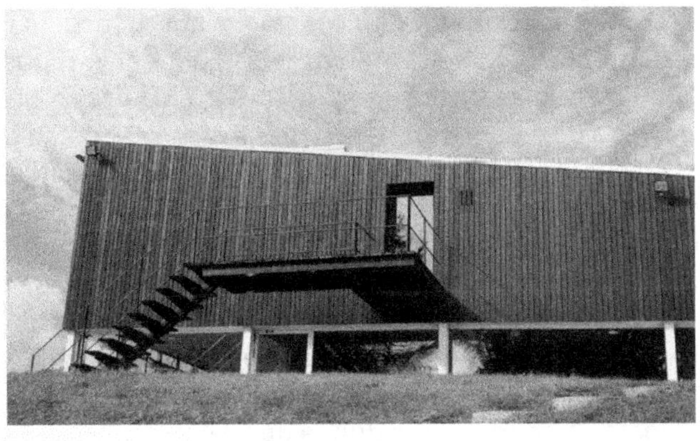

(11)
Casa Ruthwen, 1962
Arne Jacobsen

a través de la tipología de las casas largas, de paja y madera, de las que
se ha realizado alguna reconstrucción (la de Trelleborg a partir de unas
excavaciones realizadas en 1934, aunque los primeros datos que se tienen de ellas son del siglo III aC.) y que seguían los mismos sistemas de
construcción que los barcos vikingos. Seguían un sistema tipológico
general con una idea de espacio abarcante, no aditivo, y se adaptaban al
material disponible (a las medidas de los troncos de los árboles). Algunas de ellas contenían un grupo de pilares en torno al fuego que refor-
zaban la estructura de la cubierta. En su construcción se seguían dos
procedimientos. El sistema Stav consistía en la composición de muros
mediante tablones o troncos colocados en vertical, mientras que el sistema Laft utilizaba tablones horizontales. Este último producía mayores
dificultades respecto al ensamblaje de las piezas y la estanqueidad
mientras que el Stav de tablones verticales, permitía una mayor libertad
de la planta y también la generación de espacios mayores, precisamente
por el hecho de poder incorporar pilares interiores. Con la conquista
de Inglaterra por los normandos en 1066 el hall, el espacio del humo
original, continúa una evolución de la que tenemos datos porque las
construcciones al ser más estables se conservan. El hall sajón extendía
su espacio en toda la altura del edificio y conseguía unas condiciones de
uso doméstico y de cierto confort térmico, que el normando ya en esas
fechas, no tenía, a causa de su carácter defensivo, que lo hacía inaccesible, rígido y frío. En la casa Ruthwen, Jacobsen construye un espacio
de unas dimensiones y una disposición que se limitan por el volumen
de cascarón del edificio. A juzgar por el dibujo del arquitecto la forma
tiene voluntad de ser expresiva, relevante. La contundencia figurativa de
la casa, es extrema y es singular dentro de la obra del arquitecto danés.
Jacobsen utiliza el mecanismo compositivo del contraste para definir el
plano recortado de madera que se encuentra con el cristal de la base. En
ese mundo de contraste, los soportes verticales no esconden su protagonismo, y en esta casa, en la que todo ocurre de un modo coherente,
señalar este hecho es importante. Los soportes vistos a través del cristal elevan el limpio volumen de madera que envuelve la casa como en las
casas largas, o como el casco de un barco, y debajo de él, del casco, del
tejado abarcante ocurren los episodios más importantes. Se encuentra
la entrada, con la zona de comer y también la sala de estar, un prototipo del bienestar moderno, pero donde quizá estar no acaba siendo lo
más cómodo, a juzgar por las imágenes que nos muestran a la persona
leyendo elegantemente, pero como si estuviera de adorno. El motivo más
visible de incomodidad lo produce la escala, porque el espacio en ese

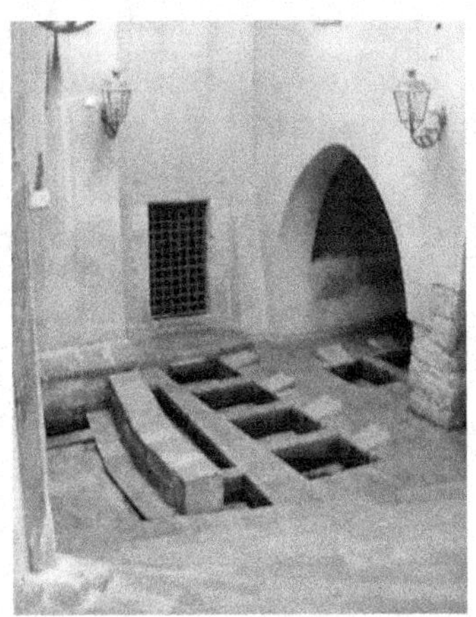

(12)
Lavaderos públicos en Cefalú

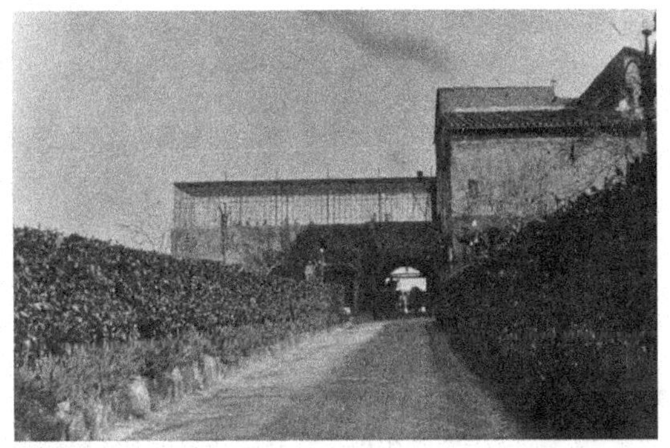

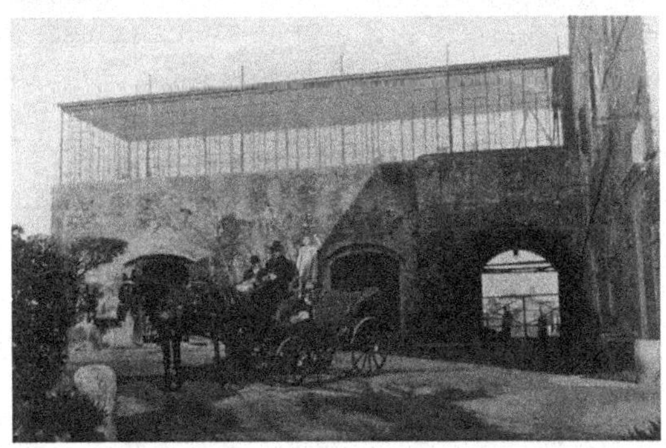

(13)
Restaurante del Castello dei Cesari, Roma

ámbito tiene una altura considerable. Entre el suelo y el techo las visiones fluyen entre los planos que se suceden transversales configurando una continuidad. En este espacio está organizado un tránsito longitudinalmente y hacia arriba, hacia el verdadero lugar del humo. El lugar donde se sitúa la chimenea se percibe en las imágenes mediante una luz intensa, y se encuentra recogido al final de un altillo en la sala que se abre hacia el paisaje del mar. La escalera del exterior, que es un icono de la arquitectura moderna, conduce a ese espacio.

La casa Ruthwen es ejemplar respecto de la evolución del hall doméstico en la modernidad. En otros ámbitos, en otros tipos de edificios el hall va evolucionando a lo largo de la historia con unos mecanismos prácticamente constantes es decir, mantiene una escala importante, una posición relevante y existen dependencias o elementos con los que se relaciona. Su evolución depende fundamentalmente de cuestiones que se centran en la interpretación o el tratamiento de los límites. Cuando Asplund viaja a Italia en 1913, realiza dibujos y fotografías de imágenes que le llaman la atención como viajero interesado que era. En su cuaderno de viaje hay detalles de todo tipo, constructivos o visiones generales de lugares. Entre los datos recogidos por él hay algunos que se han hecho visibles en su arquitectura, motivos decorativos que él esencializó o modos de relación de los elementos y composiciones volumétricas. En la visita a Cefalú,[2] le impresionaron los lavaderos que se encuentran cerca de la catedral en un lugar que contiene la vitalidad de los espacios público urbanos, pero al mismo tiempo tiene casi las características de un interior. Algo parecido se puede decir de las calles del casco viejo de Nápoles, con las fachadas tan próximas que la ropa cuelga de una a otra. Según su diario de viaje, en Roma cenó encantado por el descubrimiento del lugar, no sabemos, si también por la comida, en el Restaurante del Castello dei Cesari, una plataforma longitudinal como un puente con vistas sobre el Aventino. El espacio de la plataforma se cierra con la mínima expresión de un techo y de una carpintería metálica. Igual que el espacio de la escalera de Viipuri el cristal disfraza un ámbito intermedio y en este caso, disfraza de interior un ámbito que quiere ser exterior.[3] El mismo año de su viaje a Italia, en 1913, Asplund gana el concurso de la ampliación de los juzgados de Göteborg. El proyecto termina en 1937,

---

2. Cfr. Erik Gunnar Asplund. *Escritos 1906-1940. Cuaderno de viaje.* El Croquis Ed. Barcelona. 2002. p. 309.
3. Cfr. Erik Gunnar Asplund. Op. cit., ps. 320 y 321.

después de una evolución larga. Con el antecedente cercano del Ayuntamiento de Estocolmo, construido por el maestro Ragnar Ostberg, la propuesta cambia desde el inicio, cuando trata de completar el edificio existente por mimesis, por identidad o de manera homogénea, como dice Asplund, y llega finalmente a ser una opción en la que se concentra una síntesis de los modos de mediación, de los espacios intermedios que se han explicado. Para entender esta cuestión basta mirar los planos del concurso y los del proyecto como finalmente se realizó. Igual que siempre, en las memorias de sus proyectos, Asplund no ofrece flamantes datos sobre razones compositivas y se centra, en cambio en las condiciones funcionales. La descripción es minuciosa y lacónica como es habitual en él y como es habitual también, el resultado del proyecto evidencia un sentido de la función que no se reduce a la distribución racional de dependencias para que se puedan llevar a cabo los juicios. Ocurre lo mismo cuando se comprara la memoria del proyecto del Crematorio de Cementerio del Bosque, pragmática, sin una palabra de más, con todo lo que dice por si sólo el edificio. El arquitecto habla poco, escribe poco y todo lo cuenta la arquitectura. El Cementerio del Bosque, es un escenario perfecto para representar acompañar, acoger, todos los estados anímicos posibles de la despedida a los muertos. El edificio de los juzgados hace de soporte a la escenificación del trance social de la justicia. Apoya el relato, no desde el lado solemne de los tribunales, sino desde el lado de los ciudadanos que se deben enfrentar a los procesos. Como resumen o concentración de toda su obra crea un hall, una plaza cubierta, una sala de pasos perdidos (así lo llama él). Las salas de pasos perdidos son grandes espacios anteriores a los espacios de recepción de los palacios en los que se produce un movimiento incesante, en los que se pierden o se "evaden también las ideas". El espacio de los juzgados es también un patio, un espacio que es interior respecto al espacio urbano circundante, pero su vocación parece ser escaparse de sus propios límites, ofrecer una lectura de los límites compleja, como la que hemos visto de manera común en los proyectos anteriores. Por eso, hablar de contraposición interior-exterior no tiene sentido, ya que las dos posibilidades están incluidas en este espacio gracias a la infinita capacidad de representación que contienen los elementos arquitectónicos, cuestión ésta sobre la que los arquitectos nórdicos sabían mucho. Citando a Josep Quetglas, este espacio está creado no como realidad física, sino, como creación fantástica, ilusionista. El espacio no existe como substancia ni existe como dato efectivo, constatado, objetivablemente, ni existe, ni siquiera, como representación, como espectáculo

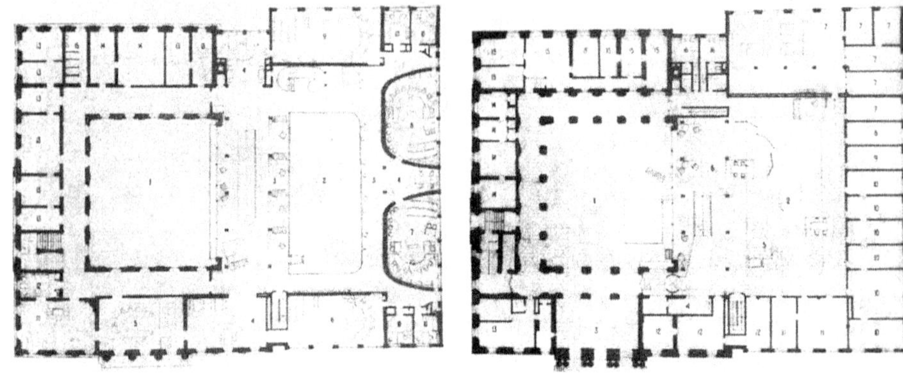

(14)
Ampliación del Ayuntamiento de Göteborg, 1937
E. G. Asplund

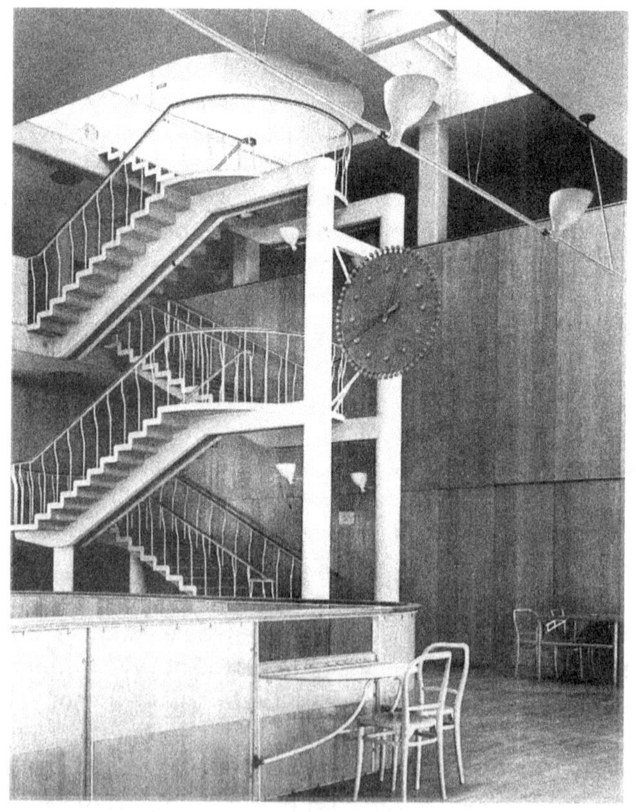

contemplado, sino que sólo vive como ilusión cambiante de quien por él circula, participando inmediatamente con los movimientos de su propio sentimiento en su forma inaprensible. Es propio de esta arquitectura, la expulsión hacia el exterior de la estructura, de lo objetivo y lo sólido y la eclosión interior del ilusionismo espacial en libertad.[4]

En el edificio encontramos la condición profunda de los límites mediante el artificio de crear las salas de juicio con paredes curvas. Con este procedimiento, desde los corredores, las entradas de luz se hacen escuetas como grietas y parecen difíciles por motivos constructivos, cosa que era cierta en los castillos normandos que antes vimos y no en cualquier edificio que se pudiera realizar en la modernidad desde el momento en que el cerramiento se había independizado de la estructura. En la concepción del espacio interviene la escala relativa respecto del resto del edificio, de las oficinas o las salas para los juicios, la noción de vacío, la conciliación entre lo exterior y lo interior, la alteración de la geometría, por la secuencia del gran patio con la entrada desde el edificio original, aspectos éstos a los que me he referido antes. También como efecto ilusorio, encontramos el extrañamiento, la desubicación de elementos, o de un elemento especialmente, que es la escalera con el reloj. La opción expresiva de lo desubicado plantea nuevas ubicaciones, como la del sol o la luz como un rayo generoso sobre la propia escalera. En sus montajes el artista danés, Olafur Eliasson, opera, juega con la desubicación de elementos naturales, procedimiento simple pero efectivo desde lo emocional. Traslada lo encontrado en la naturaleza, los efectos hallados siempre en contacto con el mundo exterior a recintos limitados por paredes y techos. Así, dicho de algún modo, plasma la narración con independencia del soporte y también universaliza lo particular y esboza la particularización de lo universal.

CONCLUSIÓN

Y al final, y aún quedan aspectos sobre lo intermedio en la arquitectura que quedan por explicar: los más importantes quizá son aquéllos que dan sentido a los espacios que han quedado proyectados, construidos o pensados como parte de un recorrido. Aquellos proyectos

---

4. Cfr. Josep Quetglas. *Artículos de ocasión*. G. Gili. Barcelona. 2004. p. 53.

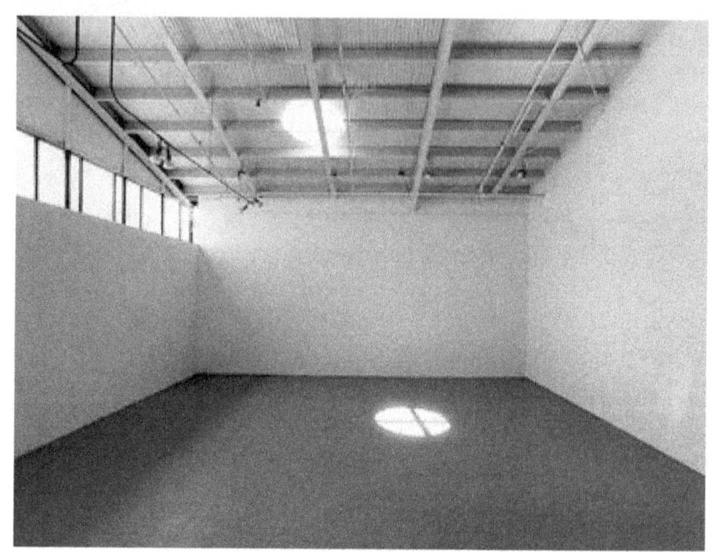

(15)
Olafur Eliasson. Sun Machine. 1997

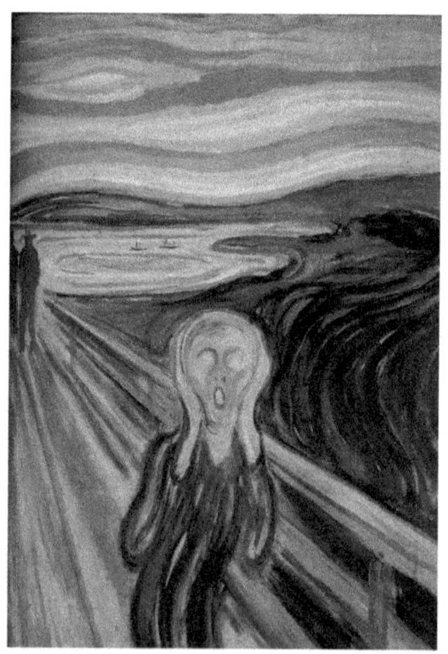

(16)
El grito, 1893
Edvard Munch

de Asplund o Lewerentz en los que resulta tan inoportuno distinguir la jerarquía de los episodios que se suceden, quizá porque no existe jerarquía sólo sucesión y esto es suficientemente importante. Volviendo al tema de la efectividad convencional de lo moderno, hacia la que los nórdicos eran un tanto escépticos, Theo van Doesburg decía en 1930 para explicar el arte concreto, que los elementos pictóricos con independencia de su contenido narrativo o ilustrativo, debían referirse sólo a si mismos. Debían ser sencillos exactos y controlables.

El grito fue pintado por Edvard Munch, artista noruego, en varias versiones, la más famosa de las cuales es de 1893. El cuadro es de una claridad esquemática. Existen dos mundos representados por el trazado de los colores. El mundo de la pasarela está definido y ordenado según un criterio geométrico perceptible e identificable. El mundo de la bruma es inconstante cambiante parece estar en un movimiento desasosegante. El límite de los dos mundos se define por el pasamanos de la pasarela. Sobre la pasarela hay dos figuras con la apariencia de andar tranquilamente, ellas conservan una estructura formal estable, se representan mediante trazos erguidos y firmes. El hombre que grita también está sobre el puente pero si observamos su cuerpo, vemos que se empieza a curvar como un filamento elástico se halla indudablemente en un estado de cambio que lo llevaría a formar parte del mundo de las brumas, quizá de ahí su grito. El hombre se halla desprovisto de las cualidades de los dos mundos en un estado intermedio. Sin él no existiría el cuadro. Si él no entenderíamos el grito. El hombre cambiante es el medio por el cual la obra se hace coherente. Es fácil esta explicación, porque estamos hablando de dos modos de representación de figuración visible. Pero, como explicar de un modo razonado el sentido de los espacios intermedios en la modernidad. Desde un punto de vista de la lógica estricta son inútiles, o extrañamente útiles, tienen la propiedad de que el proyecto pudiera haber sido pensado sin ellos, pero por otra parte, el proyecto no sería nada sin ellos.

Todo este texto sobre los espacios intermedios y el cuadro de Munch nada tienen que ver con las palabras del director de cine sueco Ingmar Bergman quien decía:

"Todo se debería insinuar, no se debería enfatizar ni explicar nada".

C

UTZON Y EL ORGANICISMO TARDÍO

Antecedentes e influencia
en la Arquitectura Contemporánea

Antón Capitel

EN EL PRINCIPIO, ERA WRIGHT

1. Puede decirse que el organicismo, en cuanto ideología, se inició con la famosa frase de Sullivan "la forma sigue a la función", pero que, arquitectónicamente, y a pesar de sus decoraciones florales, no empezaría hasta la obra de Wright posterior a las Casas de la pradera. Peter Collins advirtió que para Wright el concepto de arquitectura orgánica tenía muchos significados. Señaló el de la asimilación a la forma de los árboles, que se identifican con su estructura, y el de los huesos de los esqueletos de los animales, siempre con una escala apropiada a su tamaño. También señaló la referencia a los sistemas cristalográficos no cartesianos y a la forma de los panales de las abejas. Todo ello iba a parar a la idea de "arquitectura viviente", analogía biológica según la cual todo elemento y todo detalle tiene la forma propia y precisa que exige su cometido, su función. Había más cosas aún, como la armonía entre el lugar y el cliente, el uso de los materiales propios del sitio y el enraizamiento físico con él, o la necesaria individualidad de toda cosa proyectada o creada.

Pero quedémonos sólo con dos cuestiones, el entendimiento de las geometrías no cartesianas como propias de la "arquitectura viviente", y la idea de la intensa relación entre estructura y forma: su identificación, como en el árbol, y la observación, cuando menos, de que los animales tienen un esqueleto –una estructura resistente– compuesto por huesos que están a la escala que corresponde a su tamaño. Esto es, si no identidad, perfecta coherencia entre forma y estructura.

Estas premisas fueron básicas para el desarrollo de una importante parte de la segunda etapa de la carrera de Wright, cuando después de haber influido muy directamente en la arquitectura holandesa se propuso competir de modo frontal con el racionalismo europeo –casi se diría, que con Le Corbusier mismo, o, al menos, ése fue sin duda su celo–, produciendo en este empeño dos obras maestras, la Torre de Sant Mark (1929, construida para oficinas en 1955 con el nombre de Torre Price) y el edificio para la empresa Johnson (Wisconsin, 1931-39).

Para el Wright de aquellos momentos, la estructura y la forma deberían ser extraordinariamente coherentes y, si era posible, llegar a identificarse. En la torre de Sant Mark, la estructura tiende a ser arbórea, aunque en sensato tributo a la estabilidad tenga cuatro troncos, todos ellos extendidos hacia fuera para constituir los únicos elementos portantes

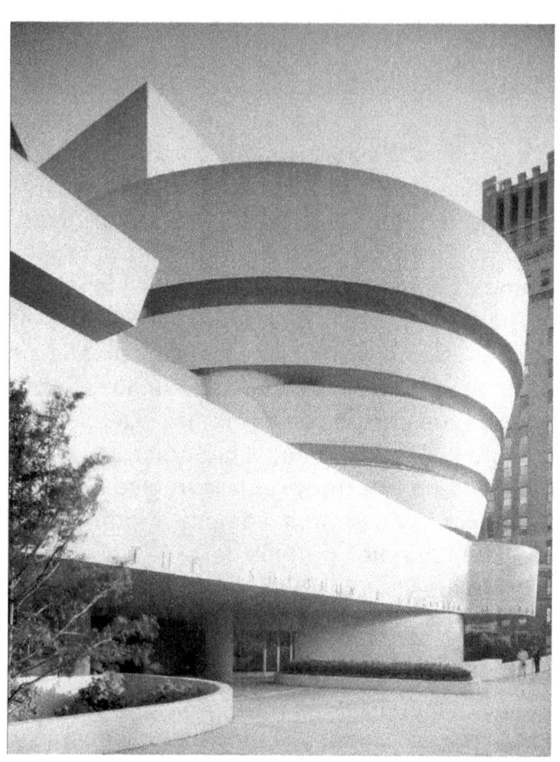

(1)
Museo Guggenheim, Nueva York. 1946-59
Frank Lloyd Wright

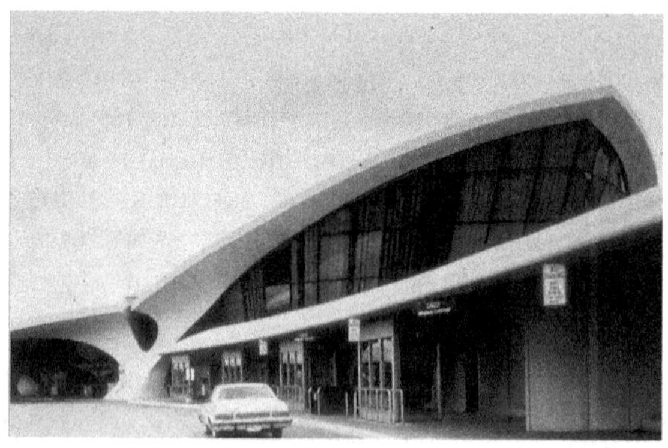

(2)
Terminal TWA. Aeropuerto Kennedy, Nueva York. 1956-62
Eero Saarinen

verticales. Los pisos se extienden hacia afuera, unos más cortos que otros, con sección de voladizo, y, así, al modo de ramas. No hay entre forma y estructura una completa identidad, pero sí una extrema cercanía. Se aproxima así al árbol y tiene, plenamente, las características de los esqueletos de los animales en cuanto el tamaño de las grandes piezas portantes coincide con el de la torre y no es una sumatoria de estructuras pequeñas, tal y como ocurría en las torres convencionales.

Las oficinas de la fábrica Johnson se caracterizaron por una gran sala principal realizada con el empleo de los famosos grandes soportes en forma de esbelto hongo. En este caso sí que la estructura se asimila con gran exactitud a un árbol, de único tronco y voladizo superior. La sala es un bosque de árboles iguales e independientes, que dejan entrar la luz entre sí, aunque la prudencia técnica de Wright, formado como ingeniero, uniera sus ramas de forma poco visible. El resultado es una sala hipóstila de una calidad espacial difícilmente igualable y donde la imagen boscosa, tan velada por constituir una ilusión conceptual y figurativa como evidente por su fuerza plástica, construyó una singular obra maestra en la que los ideales orgánicos, opuestos al racionalismo, se manifestaron con especial intensidad. Pero es preciso reconocer que la idea de la columna fungiforme no era original. El ingeniero francés Maillart la había hecho mucho antes (en 1910), en salas industriales, con la misma intención de planta libre, si bien mucho más moderadas y con una idea exclusivamente mecánica o práctica. Y Alvar Aalto, justamente antes que Wright, había realizado las columnas fungiformes del depósito del periódico de Turku (1928), también para conseguir la planta libre, pero con un sentido algo más instrumental de la estructura, al servicio de intenciones formales de otro tipo. Wright identificó la estructura y la forma, como Maillart –un pensamiento ingenieril, en definitiva–, pero sublimó sus intenciones en el modo en que hemos visto, trascendiendo la limitada y algo ingenua versión del francés.

En una obra posterior, como fue la del Museo Guggenheim de Nueva York (1946-59), el inventor americano del organicismo siguió identificando forma y estructura, esta vez lejos de analogías arbóreas, pero de un modo muy completo. No obstante, en el museo se inició un camino de libertad formal de límites imprecisos que anunciaba la decadencia de algunas de sus obras de ancianidad.

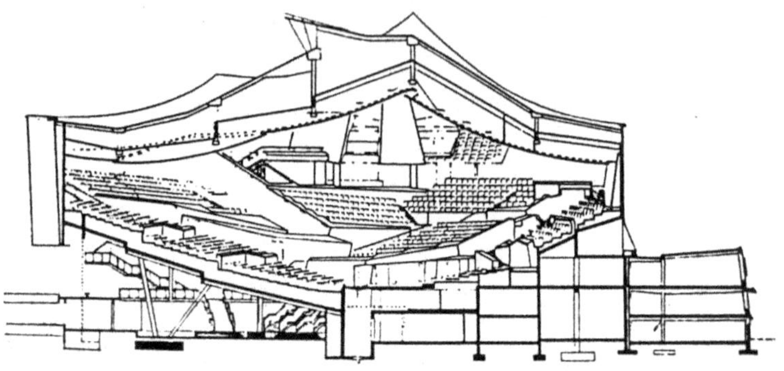

(3)
Filarmónica de Berlín. 1956-63
Hans Scharoun

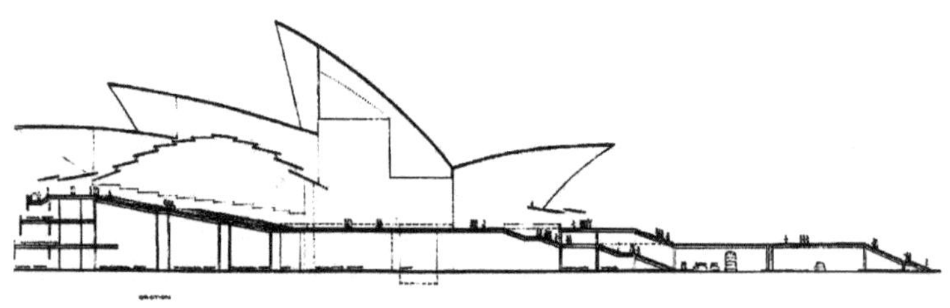

(4)
Ópera de Sidney. 1956
Jørn Utzon

2. La práctica de la libertad formal mediante el hormigón armado iba a tener una cierta fertilidad, como bien sabemos. Incluso la obra de Le Corbusier después de la Segunda Guerra Mundial había sido sensible a un camino semejante, como demostrarían las obras de la capilla de Nôtre Dame du Haut en Romchamp (195055) la Asamblea Legislativa y del Tribunal Supremo de la nueva ciudad de Chandigarh (1956).

Relacionado con la obra de Wright fue una buena parte del trabajo de Eero Saarinen, hijo de Eliel, un arquitecto extremadamente ecléctico: el Hockey Ring en la Universidad de Yale (New Haven, 195659), el aeropuerto Foster Dulles en Virginia (1958-62), y sobre todo, la muy famosa Terminal de la TWA en el aeropuerto Kennedy de Nueva York (1956-62).

Saarinen había estudiado arquitectura en Yale y escultura en París, y si el ideal wrightiano de identidad entre forma y estructura quedó patente en las obras citadas, un sentido plasticista extremado había sustituido al acentuado "esprit de geometrie" propio del maestro. En la arquitectura estadounidense puede citarse también la obra de Paul Rudolph del garaje en New Haven (1959). En la española no ha de olvidarse el edificio Torres Blancas de Francisco Javier Sáenz de Oíza, en Madrid (1962-67), obra maestra del organicismo tardío, con notables deudas de Wright, pero también de Le Corbusier, y cuya exacerbación formal es necesario relacionar con las obras anteriores, e igualmente con el éxito alcanzado por el proyecto para el concurso de la Opera de Sidney, de Jørn Utzon (1956). Es bien conocido como fue precisamente Eero Saarinen, un finlandés interesado lógicamente en el organicismo escandinavo, quien impuso su criterio para que venciera la propuesta de Utzon, otro nórdico, elevándolo con ello a la fama internacional.

Con el triunfo de la forma libre mediante el hormigón armado puede decirse que se consagraba una arquitectura de ingenieros y de escultores, aunque no fuera precisamente éste el caso de Utzon. Algunos ingenieros que hacen arquitectura tienden a despreciar la condición sintáctica y cartesiana propia de los arquitectos y, provistos de su competencia técnica, acuden con frecuencia a la práctica de la forma libre y, así, a un mundo más escultórico que propiamente arquitectónico. Pero dejemos estas consideraciones para introducir un aspecto distinto del tema que se trata.

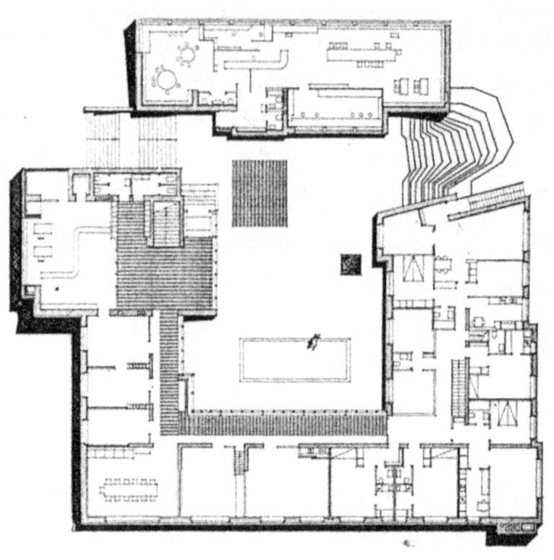

(5) y (6)
Ayuntamiento de Säynätsalo. 1949-52
Alvar Aalto

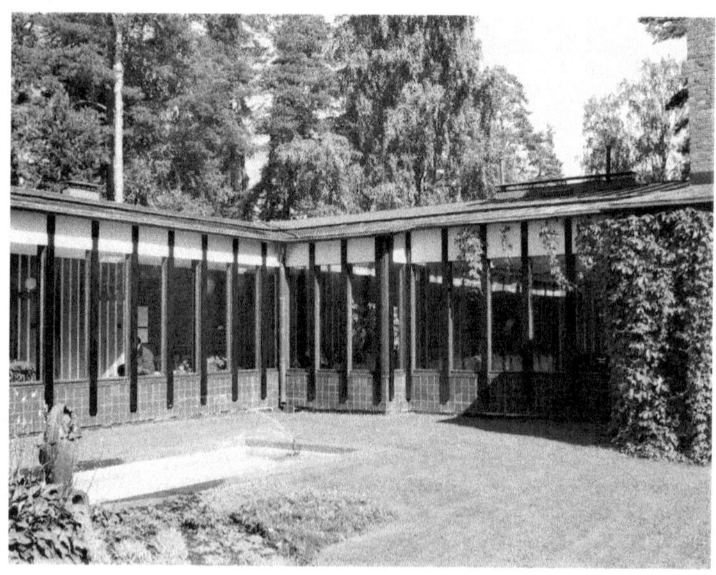

3. Pues, para los fines que nos mueven, conviene recordar también al expresionismo alemán como una importante alterativa moderna al racionalismo, y tanto por sí mismo y por esta razón como por ser otro de los orígenes del organicismo, esta vez europeo. Fue Hugo Häring, compañero y amigo de Mies van der Rohe y maestro de Hans Scharoun, quien inició un expresionismo organicista, reflexionando y trabajando sobre un especial sentido de la forma, fracturada y compleja, expresiva de sus funciones y desprovista de un sistema formal o geométrico. Tuvo poca obra, pero su actitud y sus investigaciones tuvieron mucha influencia en el trabajo de Scharoun.

La lucha de Häring contra el racionalismo –y la de los expresionistas, en general–puede interpretarse, sin demasiadas licencias, como un episodio más, el último, de la oposición entre goticismo y clasicismo. Figurativamente podemos verlo representado incluso en la granja Garkau (1924) que realizó Häring. Pero no es un ejemplo aislado, pues si nos acercamos a la construcción en hormigón pueden recordarse algunas arquitecturas religiosas alemanas –la evocación del gótico en éstas era más lógica, al menos desde el punto de vista del carácter–, como son algunas obras de Dominikus Böhm, tales como la iglesia de San Juan Bautista en Neu-Ulm (1926) y la de Maiz-Bischofseim (1926), o el proyecto de Otto Barning de la Schnitt Sterkirche (1922). Volviendo a Böhm, y aunque fuera construida en ladrillo, es interesante recordar también la iglesia de St. Engelbert, en Köln-Riehl (1930). Todos estos casos suponen un explícito acercamiento al gótico que ha de considerarse propio del expresionismo y que las más de las veces suponía una oposición directa tanto a la tradición académica como a su heredero directo, el racionalismo.

Pero este último venció al expresionismo antes de que el régimen nazi lo hiciera –como recordaba el profesor Gustavo Klaus Koening– y éste solo permaneció, in vitro, en la cabeza de Häring, y sobre todo, en la de Hans Scharoun, que lo recuperó y practicó brillantemente después de la Segunda Guerra Mundial. Scharoun construyó con la Filarmónica de Berlín (1956-63) la gran catedral laica que Bruno Taut había soñado. Y cierto es que las fechas de esta realización se aproximan mucho a las de la Opera de Sidney, de Utzon, y que sus maneras son muy diversas. Tiendo a pensar, sin embargo, que Utzon en Sidney estuvo influido no sólo por el organicismo estadounidense y por el nórdico; también por el expresionismo y, probablemente, si no por la obra, sí por la actitud de Hans Scharoun, mucho más exacerbada que la de Aalto.

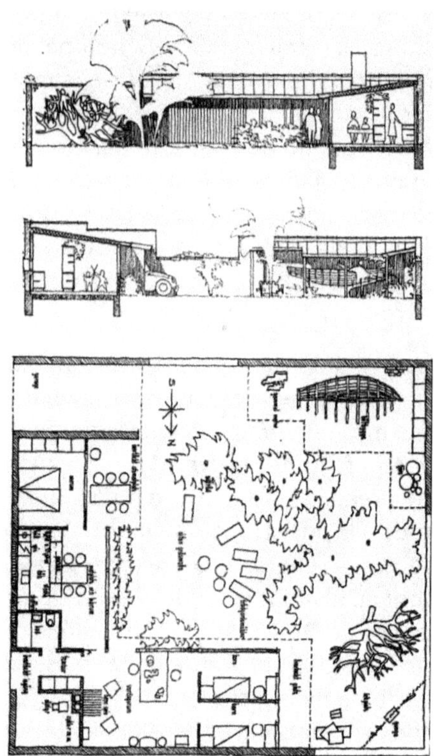

(7) y (8)
Casas de bajo coste en Skane, 1954
Jørn Utzon

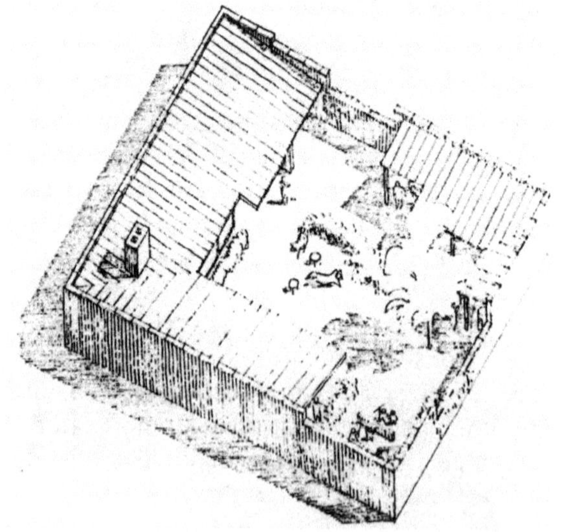

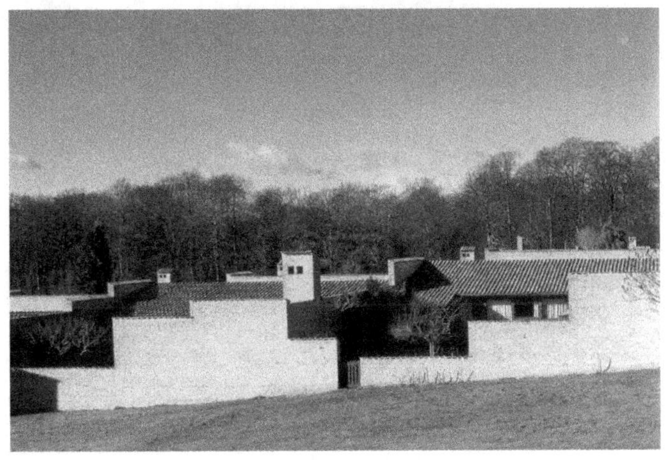

(9), (10) y (11)
Casas Kingo, Helsingor. 1956-60
Jørn Utzon

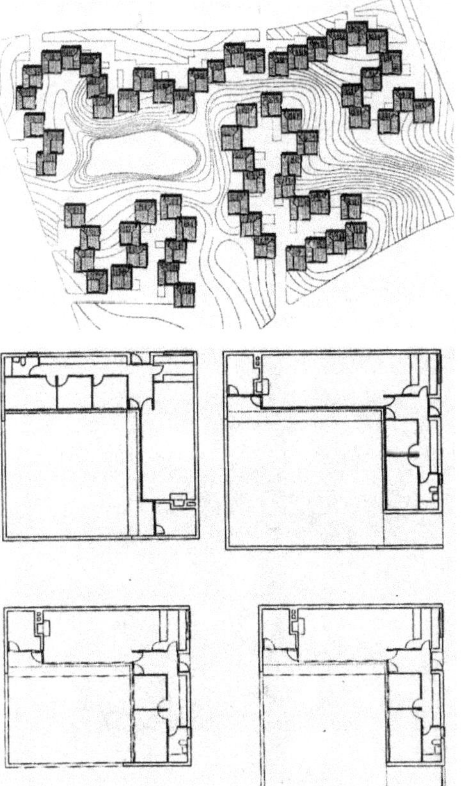

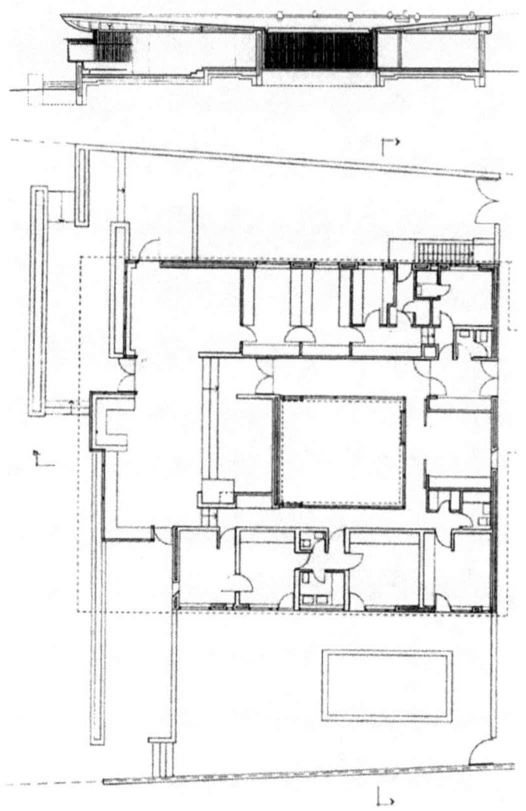

(12) y (13)
Villa Herneryd, Helsimborg
Jørn Utzon

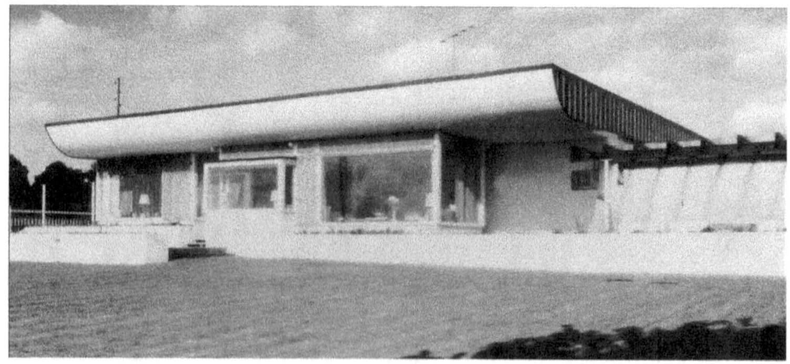

4. Alvar Aalto participaba de la nostalgia nórdica del mediterráneo y
así, del mito latino del clasicismo. En su etapa ya plenamente moderna
acudió a ese mito, al menos en lo que hace a la casa patio, esto es, a
una versión moderna de la misma que ensayó por primera vez en Villa
Mairea (1937-38), una casa muy compleja, pero cuya estructura organizativa puede reconocerse con mucha claridad como una edificación en
torno a un patio, si bien abierto, y según una idea que puede rastrearse
desde la antigüedad misma, pero que, modernamente, es preciso arran-
car de Le Corbusier en las unidades de los Inmuebles Villas o en la propia Villa Savoie.

Pues el organicismo fue plural y entre sus diversas manifestaciones
puede distinguirse la más moderada que practicó versiones modernas
de la tradición clásica latina. Con más claridad figurativa que en Villa
Mairea, recordemos los importantísimos y conocidos casos del Ayuntamiento de Säynätsalo (1949-52), un palacete oficial en torno a un patio,
y de su casa en la isla de Muuratsälo (1953), una pequeña edificación
doméstica en forma de "L", con un patio cerrado por muros, tal y como
si se tratara de una modesta casa romana, aunque sin galería porticada.

Entre los arquitectos nórdicos, el danés Jacobsen tuvo también algunas
incursiones en la casa patio. Una de ellas fue el grupo de viviendas para
la exposición Interbau en el Hansaviertel de Berlín (1955-57) y otra la
casa Jürgensen (1956, Vedbaek, Copenhage). La primera es una hilera
de viviendas de atractiva disposición, con patio cerrado por tres cuerpos edificados y por la pared de la casa contigua y la segunda es una
casa aislada con patio abierto en uno de sus lados.

Pero fue el también danés Jørn Utzon quien insistió en mayor medida en
las versiones modernas de la casa en torno a un patio. Quizá su trabajo
en el estudio de Aalto, aunque fuera una corta y temprana temporada
(1946), no pueda tenerse como casual en este aspecto. El organicismo
de Utzon –que viajó a Estados Unidos para conocer la obra de Wright–
fue bastante variado, y se inició con los modelos de casas de bajo coste
para Skane (1954) que proyectó para un concurso en el que obtuvo el
primer premio, y aunque nunca se realizaron constituyeron la base de
conocidas actuaciones posteriores. Generaron los conjuntos de las
casas Kingo (1956-60, Helsingor), y el de Fredensborg (1962-63). Tanto
los modelos del concurso como los de las urbanizaciones posteriores
son casas en forma de "L", y en este sentido modernas, pero el cierre

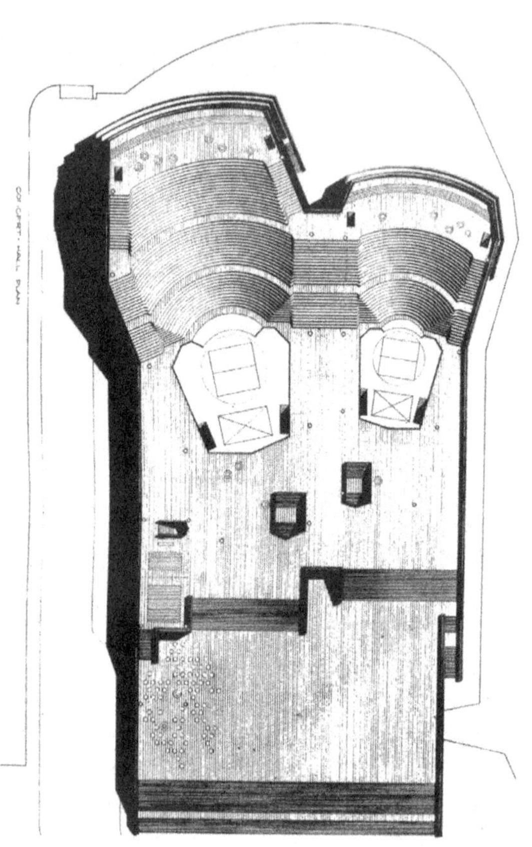

(14)
Ópera de Sidney. 1956-73
Jørn Utzon

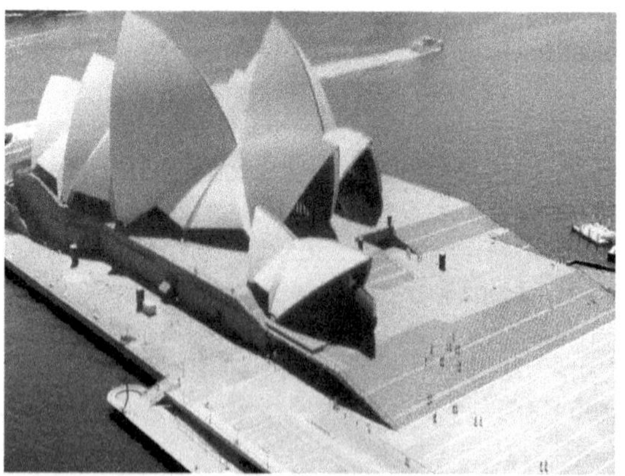

completo de sus patios con tapias, su planta única, su construcción
en ladrillo visto y teja y sus cubiertas como impluvium hacia el patio,
les dieron un atractivo sabor tradicional, una versión moderna de la
antigüedad, si bien la condición desordenada, pintoresca, campestre y
abierta de los conjuntos los hace separarse por completo de lo que fueron los urbanos, cerrados y compactos conjuntos antiguos. Las casas
son bien conocidas de todos, por lo que no es necesario insistir; pero
permítaseme decir que considero que estos modelos y estos conjuntos
son las obras maestras de este tipo y del organicismo moderado o tradi-
cionalista, valga el calificativo.

Utzon realizó también una casa patio aislada y de gran programa, la villa
Herneryd, en Helsimborg, Suecia (1962), y aunque es aislada, su trazado
es bastante fiel al sistema antiguo. Consta también de una sola planta
y está dotada de un programa suficiente para rodear por completo el
patio que tiene en su centro. Las circulaciones son pasillos abiertos al
patio, esto es, galerías claustrales; una de ellas, la de entrada, es más
ancha y así, con cierta capacidad de uso que no sea tan sólo el tránsito,
coincidiendo con el vestíbulo y las puertas de acceso. Es decir, al modo
clásico, y no al académico, que la hubiera dispuesto centrada. Una de
las circulaciones está absorbida por la estancia, que es así doble y se
abre hacia fuera y hacia el patio. La cubierta vierte las aguas al patio
formado un impluvium. De entre las conocidas, es ésta, a mi entender, la
casa patio moderna más fiel al sistema antiguo.

5. El edificio de la Opera de Sidney (1956-73) es una obra controvertida,
tan duramente atacada como fervientemente admirada. En ella Utzon
se apartó del organicismo moderado que hemos examinado anteriormente para ejercer una manera ambiciosa y exacerbada, que emulaba
la obra del Wright anciano, y la de Saarinen, continuando en alguna
medida el expresionismo con resabios goticistas, y presentando un
proyecto que, después del triunfo, tuvo un inmenso impacto. El concurso, realizado inmediatamente después del de las casas patio de
Skane y justo antes de las casas Kingo, se entendió como una gran
obra maestra de la arquitectura moderna, y aunque sin duda lo era, se
trataba sobre todo de un canto de cisne y no de un camino de apertura de nuevas vías. Hubo un inmenso deslumbramiento con el Sidney
de Utzon mientras su proyecto se desarrollaba y se publicaba repetidamente, y hasta Sigfried Gideon le incluyó en una nueva versión, la

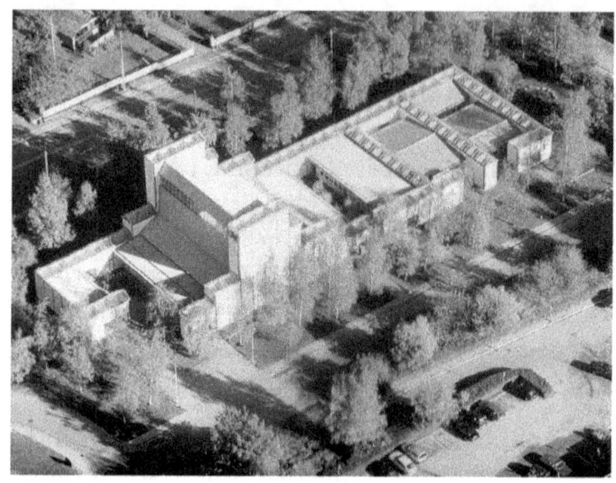

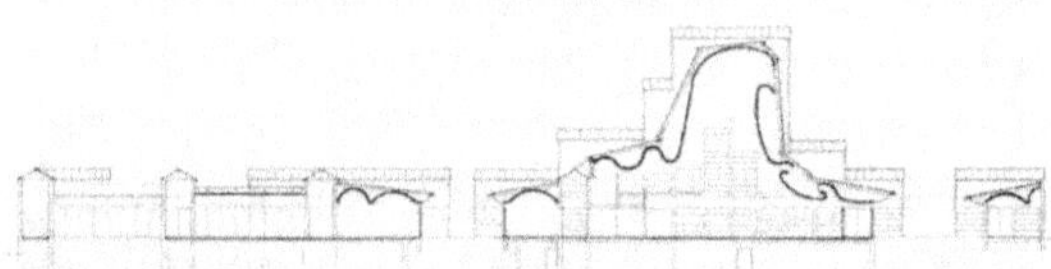

(15), (16) y (17)
Iglesia de Bagsvaerd. 1973-76
Jørn Utzon

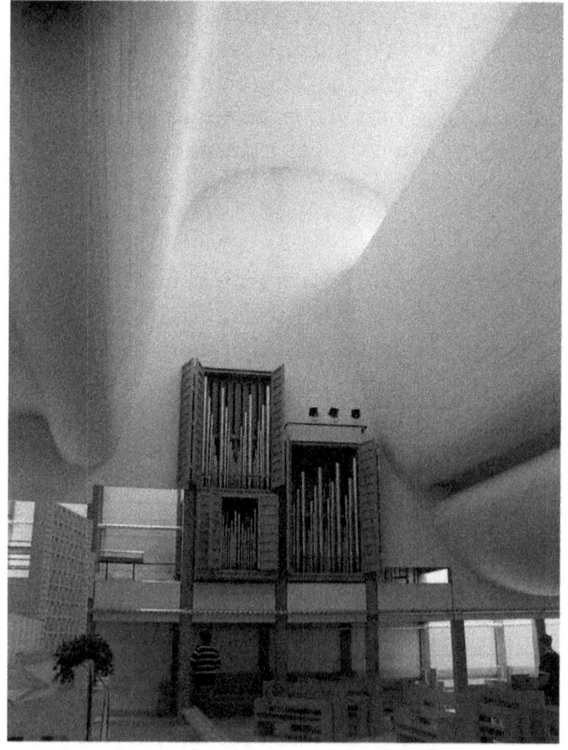

última, del "Espacio, tiempo y arquitectura", cerrando así, significativamente, el movimiento moderno.

Que, en aquellos momentos, el proyecto de la Opera de Sidney encandilara muchas conciencias no resulta sorprendente. En primer lugar, estaba el inmenso atractivo de su planta principal. Dibujada a lápiz y con sombras, al modo de Aalto, la gran plataforma con escalinatas ascendentes que acaba en los dos anfiteatros de las salas, oblicuas y enlazadas entre sí, trasmitía con tanta fuerza su forma que ésta parecía existir ya antes de su realización. La persuasión del dibujo mostraba lo que podía entenderse como una regeneración de la arquitectura moderna y, simultáneamente, la intensidad de arquitecturas ancestrales como las de las culturas americanas precolombinas. De otro lado, los dibujos de las secciones prometían las bóvedas de las cubiertas al modo de airosas velas flotantes, casi indiferentes a la fuerza de la gravedad. Parecería que el visitante iba a ascender por la plataforma y cobijarse directamente bajo las bóvedas sin que ninguna otra cosa que no fueran vestíbulos y auditorios estorbara su acción. Las cubiertas, en exacerbado juego escultórico, son intersecciones de casquetes esféricos que dan a la obra el aroma gótico y la relacionan con el citado proyecto de iglesia de Otto Bartning de 1922.

Pero la realidad de la construcción fue más dura. El recuerdo gótico, quizá azaroso, se desvaneció en lo que de alusión técnica y racionalidad constructiva pudiera haber sugerido. Utzon tuvo que entregarse a la casa británica de ingeniería de Ove Arup, con quien no se entendió del todo bien; las exigencias estructurales modificaron sensiblemente lo esperado y la polémica estaba servida. El reflejo español de ésta se manifestó en las páginas de la revista Arquitectura, con un encendido ataque de Félix Candela y una apasionada defensa de Rafael Moneo, que había trabajado con Utzon en el desarrollo del proyecto.

La obra se dilató hasta 1973, lo que hizo que su impacto continuara vigente y que representara el paradigma de la superación definitiva de los principios propiamente modernos: de un punto sin retorno en el que organicismo y racionalismo perdían sus antiguas ligaduras y se proclamaban como tendencias decididamente opuestas.

Pero si la Opera de Sidney podía entenderse entonces como la arquitectura más avanzada, lo que sin duda era, preciso es reconocer que se trataba también de un singular neoexpresionismo que no señalaba exacta-

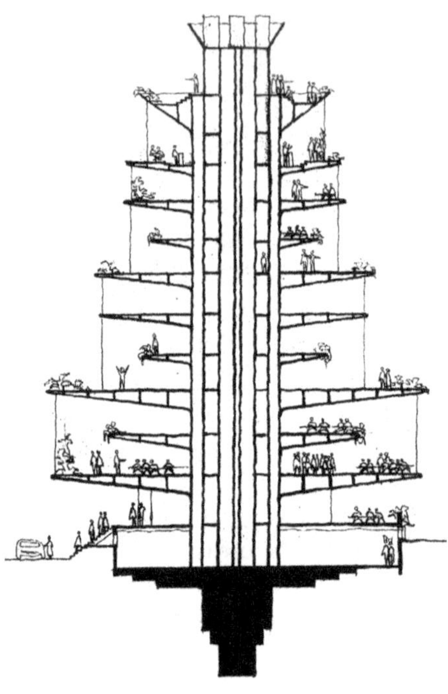

(18) y (19)
Concurso para el pabellón Langelinie Copenhague 1953.
Jørn Utzon

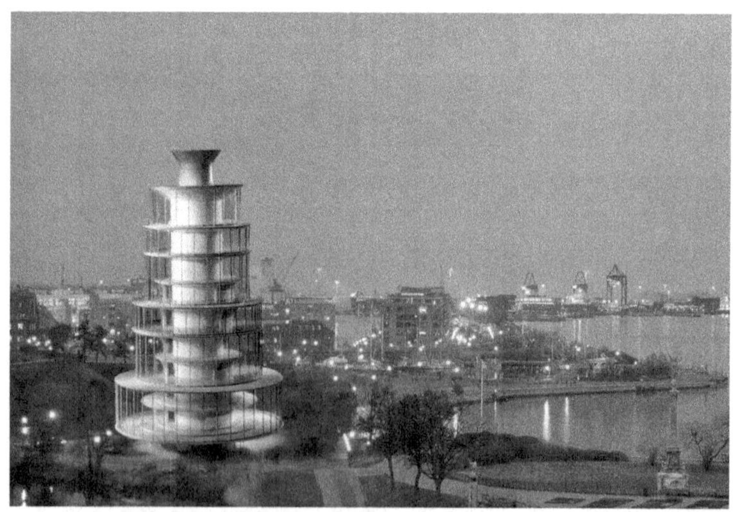

mente un nuevo camino y que contribuyó en buena medida a enrarecer el clima especialmente confuso en que la modernidad estaba sumida en aquellos años, contaminada por la presencia de tendencias muy dispares y encontradas, por muchas ideologías radicales, algunas de ellas antiarquitectónicas, y por exacerbadas opiniones apocalípticas.

El goticismo del edificio era sólo figurativo, un problema de mera forma, pues suponía en realidad la ruptura de la relación entre ésta y la estructura; esto es, la desaparición absoluta del ideal wrightiano. El arquitecto ingeniero, capaz de concebir obras de intensa riqueza formal en la explotación imaginativa de su comportamiento mecánico, había sido sustituido, a su pesar, por el arquitecto escultor, incapaz de llevar a cabo su plástica voluntad y que ha de entregarse a un ingeniero propiamente dicho, especialista en construir cualquiera que sea el sueño del artista. La catedral laica ha olvidado los ideales góticos que, sin embargo, evoca con su imagen.

6. Pero, ¿se trataba de un final, de una vía sin salida, de un canto de cisne? Durante muchos, muchos años, puede decirse que, efectivamente, así fue. Pero, pasadas desde entonces tantas cosas, tal parece que la obra magna de Utzon, laceradamente situada entre el triunfo y el fracaso, fue la precursora de la libertad formal tenida como ideal absoluto, del formalismo que, con su ambigua carga, está siendo en definitiva el principio activo más intenso de la mayor parte de la arquitectura contemporánea, al menos de aquélla que triunfa en ámbitos internacionales.

Bien pudiera haber ocurrido que la herencia de Utzon hubiera sido también la de sus ejemplos más moderados y, me atrevería a decir, que cualificados; esto es, de trabajos como las casas patio, o como la posterior iglesia de Bagsvaerd (1973-76). Pero los intensísimos deseos que tantos sintieron de liberarse de la etapa de Venturi y de Rossi y, sobre todo, del llamado posmoderno, hizo que cualquier cosa que recordara a la tradición, por modernizada y atractiva que fuese, quedara echada en el mismo basurero al que debía verterse los verdaderos desechos. Recuperar la modernidad, para unos, y superarla, para otros, fue libertad formal y fantasía al precio que hiciera falta. Los principios de las arquitecturas modernas –todos los principios– quedaron definitivamente al margen, y un mundo de analogías cualesquiera se puso al servicio de una exacerbación plástica sin límites, de la imagen entendida como el contenido único de la otrora disciplina.

El posmoderno más radical, aquél que quiso resucitar el clasicismo de manera grotesca y caricaturizada, significó el triunfo de una determinada masa de usuarios, hartos de una arquitectura moderna que no podían entender ni apreciar. Pero el neomoderno, al derivar hacia el formalismo, no ha hecho otra cosa que consolidar de otro modo la victoria de los profanos. El cansancio del funcionalismo y de la sobriedad técnica ha expulsado al conocimiento especializado y a la mayor parte de las ricas tradiciones modernas para exigir el rendimiento de tributo al mundo de la apariencia y del espectáculo.

Los frutos, sin embargo, son diversos, como no podía ser de otro modo. Expondré cuatro, a mi manera de ver relacionados de modo distinto con el significado de la obra magna de Utzon. El mejor es el que lo sigue con más exactitud conceptual; esto es, quien entendió que la ligadura entre forma y estructura estaba definitivamente rota y que la forma libre podía volar sin límite en pos de fantasías figurativas, entre sublimes y humorísticas. Me refiero al gran arquitecto canadiense Frank O. Gehry, y quizá debamos situar el arquetipo en el edifico bilbaíno del Museo de la Fundación Guggenheim (1991-94), por ser la mejor de sus obras de la última etapa. Gehry prescindió tanto del hormigón como de la ligadura entre forma y construcción a favor de un plasticismo escultórico del todo evidente, pero siguió la tradición orgánica y expresionista; esto es, el camino de Utzon. Ahora bien, la vía elegida ¿conduce hacia algún sitio que no sea la exacerbación formal cada vez más acusada? Sus obras posteriores así parecerían afirmarlo al trabajar sobre todo como manierista de sí mismo. No obstante, ha de reconocerse la altura de Gehry y el haber aunado el juicio positivo de gran parte del público y de la crítica.

El otro es Calatrava que, como ingeniero escultor –con muy poco de arquitecto– ha pretendido recoger, por el contrario, la ya apagada antorcha de la relación entre forma y estructura. Para interpretarle resulta útil volver hasta la figura de Gaudí, un gran goticista, arquitecto, ingeniero y escultor, y a su brillante identidad entre construcción y forma –Gaudí era de la edad de Wright–, sin necesidad de pasar por el expresionismo, pero sí por la Opera de Sidney de Utzon, fracaso que Calatrava ha querido evitar y brillante fantasía que ha pretendido emular y proseguir, continuando la línea de las peores realizaciones de Gaudí, como es el interior de la Sagrada Familia. Piénsese, por ejemplo, en el puente de Sevilla, o en el aeropuerto de Bilbao, productos relativamente aceptables; o en otro orden de calidad, en la gótica estación de Lisboa y en el casi grotesco neo-Sidney del auditorio de Tenerife, mucho más dudosos. En todos ellos técnica y forma exhiben una coherencia más volcada en la apariencia y en el gusto por la espectacularidad que en una realidad estricta. Su pleno éxito entre políticos y público no ha sido acompañado por el de profesionales y críticos.

Pues la renuncia de Gehry a recuperar el ideal wrightiano ha sido, al fin, más lúcida que la pretendida restauración de Calatrava, llena de ingenuidad en lo que al objetivo de la calidad significa, aunque repleta de picardía en lo que hace a otros fines más tangibles.

Los otros dos ejemplos no son tan conocidos. El primero es el Springtecture H (Sing-cho, Hyogo, 1998), del japonés Shuei Endo, que astutamente ha sido realizado con chapa metálica, evitando así complicaciones constructivas. El segundo es español, la estación de autobuses de Casar de Cáceres, de Justo García Rubio, realizado en hormigón, esto es, sin renunciar a la complejidad de los encofrados, pero a una escala suficientemente pequeña como para poder hacerlo con superficies. Ambos casos son, a mi entender, atractivos y cualificados y sin duda representan a otros muchos, testimoniando la cierta continuidad del organicismo plasticista, aunque sea preciso destacar también su menor importancia.

7. Pero lo cierto es que la vía de la libertad formal, ejercida sin el apoyo de talentos tan extraordinarios como los de Gaudí y Wright –en lo que hace a la doble condición de arquitectos e ingenieros–, o los de Scharoun y Utzon, en el plano más estrictamente arquitectónico, es uno de los caminos más difíciles de la arquitectura contemporánea. Pues ideologías y principios que no sean estrictamente personales han perdido la fuerza que como firmes y fértiles soportes tuvieron en la ya poco estimada tradición moderna.

D

JØRN UZTON.
EN BUSCA DE UN REFUGIO

Alberto Grijalba

*"El arquitecto debe fundirse con los materiales, modificarlos y utilizarlos
en armonía con su esencia"*

"La esencia de la arquitectura".

Jørn Utzon (1948)

El arquitecto danés Jørn Utzon es reconocido como el máximo representante de la Tercera Generación. Sus aportaciones a la escena arquitectónica, probablemente menos numerosas que las deseadas, como las viviendas Kingo, la Opera de Sidney o la Iglesia de Badsvaerd, le convierten en uno de los creadores de mayor intensidad del fin de siglo.

De vocación transcultural, en su obra relaciona pasado y presente, forma y técnica, Oriente y Occidente. Para comprender su influencia, tan importante son su obra construida, como sus proyectos no realizados. Ambos determinan la evolución desu pensamiento acerca del sentido y la esencia de la arquitectura contemporánea. Pero aún en su controversia, Utzon nos muestra su coherencia entre su modelo formal y su modelo tectónico.

Sus primeros años de formación entre Aalborg y Elsinor están condicionados por la relación con el pintor Carl Kylberg y la figura de su padre, Aager Utzon. Durante sus estudios con Kylberg, quien en algún momento le hará pensar que su vocación es la pintura, comprenderá la relación entre la luz y el paisaje escandinavo, al mismo tiempo que adquirirá una especial sensibilidad hacia la contemplación de la naturaleza. En los astilleros en los que trabajaba su padre, ingeniero naval, Jørn Utzon siente que todo es posible:

"A mí me gustaba ir a los talleres. En principio no había nada que no pudiera hacerse".

Pero aparte de este espejismo juvenil, entre plantillas y curvas, intuirá la capacidad gráfica y técnica de la ingeniería para crear formas

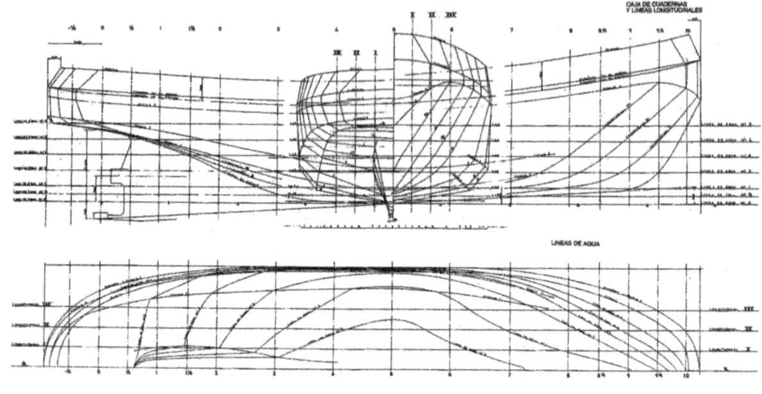

(1)
Cuadernas y líneas de aguas

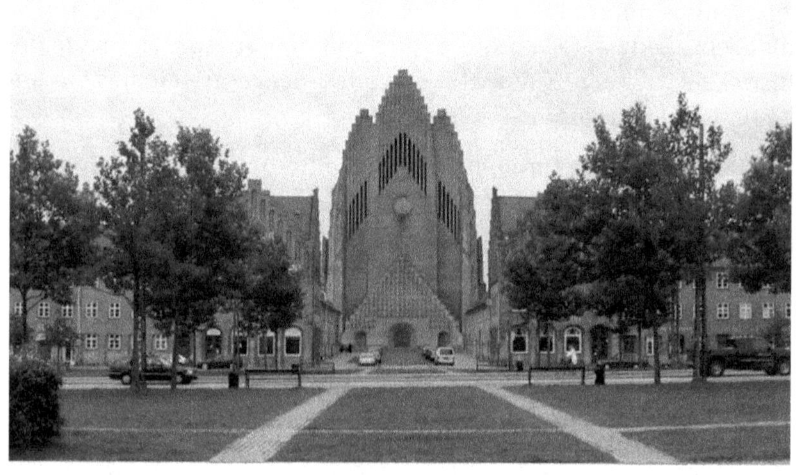

(2)
Iglesia de Grundtvigs, Bisperbjeg, 1920-1940
P. V. Jensen-Klint

adecuadas, con medios adecuados. Aprenderá a dibujar lo informe, el viento, y el agua.[1]

Utzon estudia en la Real Academia de Bellas Artes de Copenhague, siendo sus profesores, entre otros, Rasmussen y Kay Fisker. La Academia en estos años está todavía bajo la influencia de la Bygmesterskolen fundada por Jensen-Klint. Esta escuela pretendía recuperar la tradición artesanal y social de la arquitectura, como la de un maestro de obras o Bygmester. Ejemplifica la expresión sincera de los materiales de acuerdo con su naturaleza, como nos recuerda Utzon en su artículo "La esencia de la Arquitectura", publicado en 1948.[2]

Kay Fisker relata las enseñanzas de Klint, cuya búsqueda de lo sencillo, lo honrado y el significado de los materiales, hace que debamos estudiar el paisaje y la arquitectura ancestral para, sin copiarlos, hacerlos nuestros. Recordando a su maestro, Utzon en ese mismo artículo, nos anima a contemplar el lugar, el clima, la topografía, el paso del tiempo y tener "una sana visión de la vida".

Siendo estudiante es inaugurada en 1940 la Iglesia de Grundtvig, terminada por Kaare Klint hijo de Jensen-Klint, tras veinte años de trabajo. En ella se encuentra el ideal de construir, más que proyectar, con el que inspiraba a los alumnos. Construida con un monomaterial, el ladrillo, evidencia sus aparejos y su estricta modulación de piezas enteras, hace reflexionar al joven estudiante acerca de la diversidad dentro de la igualdad. Igualdad y diversidad que posteriormente ilustrarán y formarán parte de sus escritos por medio de analogías naturalistas e imágenes de crecimientos orgánicos y cristalográficos.

En el estudio del pintor y escultor Einar Utzon Frank, profesor de la Real Academia de Bellas Artes de Copenhague, experimenta cómo el mundo de las ideas, del boceto, de la realidad gráfica bidimensional, se convierte en otra tridimensional, equivalente, pero complementaria. Así, aprende con naturalidad el paso de la expresión del croquis a la representación plana, y cómo ésta se convierte en algo mensurable y real. Será en este

---

1. Cfr. J. Ferrer. *Jørn Utzon*. G. Gili. Barcelona. 2006.
2. Cfr. J. Utzon. "La importancia de los arquitectos", en AA.VV. *Jørn Utzon*. Ministerio de Obras Públicas, Transportes y Medio Ambiente. Madrid. 1995.

estudio donde prosiga su acercamiento a la cultura oriental, que inició con Kylberg y la cultura india, formación que posteriormente continuará en Estocolmo con el descubrimiento de la cultura china de mano de Siren y Prip-Møller. Con todos ellos, Utzon comprende cómo la filosofía oriental antigua se basa en una actitud mental que influye en la producción técnica, y no es la técnica la que influye en la arquitectura. Para él, la arquitectura oriental produce un efecto mágico entre la plataforma y la cubierta. En Occidente, uno gravita hacia los cerramientos, mientras que en Oriente, uno gravita hacia el suelo:

"En las casas japonesas nos atraen los pisos, así como en las europeas nos atraen las paredes".

Así, la diversidad entre plataformas y mesetas centroamericanas, la técnica iterativa y aditiva de la arquitectura tradicional oriental y los sistemas combinatorios de elementos simples se convertirán en referencias constantes a lo largo de su producción arquitectónica. Utzon reconoce la importancia para la arquitectura nórdica de Alvar Aalto y de Gunnar Asplund. De Aalto, con el que colaboró durante su estancia en Suecia en 1945, afirma que su obra hubiera sido sin duda diferente sin su ejemplo. Gracias a él comprendió que la Arquitectura podía ser, verdaderamente, una experiencia maravillosa, de la cual él quería participar.

GUNNAR ASPLUND

De Asplund, al que califica como el padre de la Arquitectura moderna escandinava, aprendió que, más allá del funcionalismo, todas sus obras están dotadas de una sensación de bienestar y contenido simbólico que expresa el sentido, la función y el tipo de vida que se va a de desarrollar en su interior. De él destaca su capacidad de trabajo, su ejemplo, su tenacidad e intensidad a la hora de enfrentarse a los proyectos, pese a la dificultad de sus clientes. Estas virtudes, a las que él mismo tendrá que recurrir una y otra vez a lo largo de su carrera, se funden con el recurrente relato de la temprana muerte de Asplund a los 56 años. En sus últimas horas compartió con su hijo, arquitecto como él, la siguiente reflexión

"¿Sabes Hans? Todo este trabajo no valía la pena, ¿Verdad?".

Utzon creyó que sí valió la pena y propone la memoria de Asplund
como ejemplo.

Esta enseñanza le llevará a construirse refugios en el más literal de los
significados, como amparo, abrigo, protección, seguridad y socorro,
pero también en su acepción de albergue, cobijo, regazo, e incluso de
madriguera, seno, retiro o escondite: un hogar. Refugios de arquitecto
para un arquitecto. Refugios donde pondrá a su propia disposición las
revelaciones y descubrimiento más íntimos de su arquitectura.

HELLEBÆK 1950-52

A la vuelta de su estancia en América, Utzon construirá su primera
vivienda al norte de Elsingor en Hellebæk. En ella pondrá en práctica
todo aquello que ha aprendido. Su primera preocupación será el lugar,
como entorno en el que la luz, las vistas, la protección y el contacto
con la naturaleza sean los óptimos. Como él mismo relata, con unas
lonas y cartones, trabajando con una maqueta de tamaño natural fue
situando 130 m, hasta que sus experimentos le condujeron a un muro
totalmente ciego al norte, mientras que al sur se disponía una fachada
completamente acristalada.

Realiza toda ella en módulos de 1,2 m × 1,2 m, divisibles en submó-
dulos de 12 cm, dimensión exactamente igual al ladrillo que usa, sin
cortes o piezas especiales. Recordando las esencias artesanas de la
Academia, de lo repetitivo de un mono-material, deduce, en su propia vivienda, que de la parte se llega al todo. Los muros lineales de la
vivienda, en los que se apoya el basamento, dividen el programa en
tres partes: terraza-plataforma, vivienda o instalaciones-garaje. El
desplazamiento de los muros, así como la fluidez del espacio, introducen la planta libre en Dinamarca a principios de los años cincuenta.[3]

Sin embargo, pese a las intenciones, al empírico conocimiento del terreno y los relatos de Utzon acerca de la necesidad de una vida tranquila

3. Cfr. J. Utzon. "Platforms and plateaux: ideas of a Danish architect". *Zodiac* n° 10. J.
Utzon."Plataformas y mesetas: ideas de un arquitecto danés". *Cuadernos Suma Visión* n° 18.
Buenos Aires. 1969. J. Utzon. "Plataformas y mesetas ideas de un arquitecto danés", en
AA.VV. *Jørn Utzon*. Ministerio de Obras Públicas, Transportes y Medio Ambiente. Madrid. 1995.

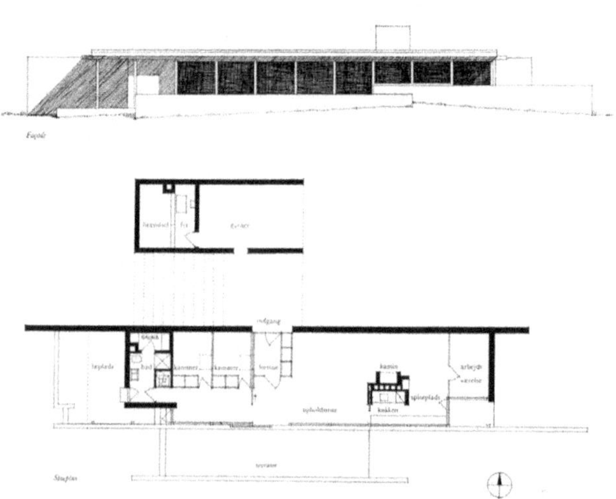

(3) y (4)
Vivienda en Hellebæk, 1950
J. Utzon

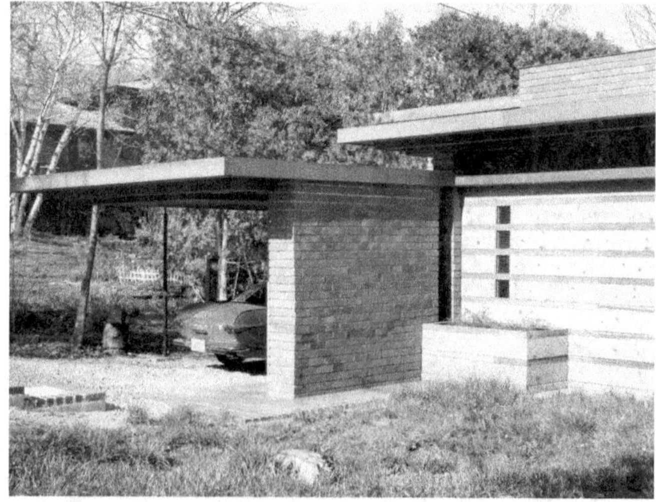

en el campo, rodeado de naturaleza y disfrutando de sus viajes, que nos harían tener un a priori, la documentación gráfica del proyecto habla de otra cosa. El dibujo de la planta la refleja tramada en sus dos sentidos, reducida a los elementos de protección y aislamiento funcionales. En los alzados, tan solo la línea define los volúmenes, sin otra valoración que la sombra que la cubierta proporciona. Es una documentación voluntariamente impersonal, resultado evidente de una práctica intencionada, que manifiesta el anhelo de la arquitectura internacional. Impersonal, puesto que no transmite ninguna impresión, tan solo un conocimiento: como debería ser. Y ése debería ser un mirador de cristal de cubierta plana, desde donde sentir el viento, ver el sol, el fuego y el agua.[4]

Un refugio en la naturaleza, donde no hay ni interior ni exterior. Un refugio, en directa relación con el que Mies van der Rohe proyectó y construyó para la doctora Farnsworth entre 1949 y 1950 y que el danés pudo conocer en 1949, en Norteamérica. Con Mies comparte Utzon la creencia en la importancia de la calidad del material, su esencia y su capacidad expresiva. En la práctica, los dos establecen la realidad constructiva como medio de transmisión de la arquitectura. Utzon parece hacer suya la máxima miesiana de que no existen problemas de forma, solo de construcción:

"La arquitectura comienza con el aparejo de dos ladrillos con esmero".

Al igual que el arquitecto alemán, investigará y propondrá en su arquitectura el detalle preciso, estandarizado, haciendo que la lógica constructiva se convierta en el garante conceptual de la idea. En algunos casos de una sola idea.

La lógica que les une también les distancia. Mientras Mies, en la vivienda para la Exposición de la Construcción en Berlín (1931) o su Casa de ladrillo (1923), proyecta unos muros que se extienden y sobrepasan la volumetría, acotando y caracterizando el territorio, Utzon hace que sus muros, con el desplazamiento de los dos volúmenes, sirvan para el apoyo de una cubierta globalizante. Cubierta unitaria y flotante que a la vez que cohesiona el conjunto permite hacer natural la transición entre interior y exterior. Esta solución es análoga a la utilizada F. LL. Wright en sus casas usonianas para la clase media americana, en la década de los treinta, y en especial la vivienda Herber Jacobs (1936).

---

4. Cfr. J. Utzon. "La importancia de los arquitectos". Op. cit.

Utzon conoció la obra de Wright, en Estocolmo 1942, en la Exposición
"Ameryca Bygger" que mostraba la arquitectura americana de principios de siglo. No es extraño, por tanto, que quisiera conocer Taliesin
–East y West– y entrevistarse con el arquitecto norteamericano. Al
igual que en Mies, Utzon descubre en Wright a un arquitecto preocu-
pado por la construcción pero con un alto grado experimental, capaz
de innovar y proponer soluciones estandarizables, elementos nuevos y repetibles, pero realizados y adecuados para cada ocasión. Al
mismo tiempo, comparte con él, la inspiración multicultural orgánica
de algunas de sus obras, donde Oriente, Centroamérica y la arquitectura popular son capaces de convertirse en uno.

El interior de la vivienda de Hellebæk es otro mundo. La madera y la
estera, la tarima enrastrelada de paredes y techo, el mobiliario ausen-
te salvo el ligado a los muros, el fuego en la chimenea y los diversos
planos del suelo, hablan de lo ancestral, delo vernáculo, de la tradición. En la búsqueda del confort del refugio, Utzon propone un interior monomaterial, en el que la arquitectura con los sutiles cambios
de plano es capaz de organizar el sitio de reunión, el lugar de tomar
asiento, el espacio de estar o de juegos. El tratamiento de los paramentos, rodapié y listelo superior de madera oscura, diferenciando
los planos, junto con la continuidad de las piezas de la tarima que, del
cubrimiento del techo son capaces de convertirse en los paramentos
verticales, recuerdan a los interiores de la Casa Larga danesa. La
reconstrucción de la casa danesa, se convirtió en uno de los referentes de la recuperación de la tradición. En ella encontramos la continuidad de la madera, los cambios de plano horizontal que organizan
y acotan los espacios, la ausencia de todo mobiliario, salvo el que es
capaz de realizarse ligado a la arquitectura. Arquitectura tradicional,
que aquellos arquitectos tomaron como otro punto de partida.

DE "TENDENSER: NOTIDENS ARKITEKTUR" (1947) A "PLATAFORMAS Y MESETAS: IDEAS DE UN ARQUITECTO DANÉS" (1962)

Evidentemente, Utzon incorporó para su primera vivienda, las últimas
experiencias que conoció en su primer viaje, pero sería un poco obvio
pensar que eso es todo. Ciertamente la novedad y el descubrimiento,

el interés por lo otro, influyen en su arquitectura, pero sus escritos y su trayectoria matizan esta primera toma de postura en este primer refugio. En 1947 junto con Tobias Faber escribe el manifiesto "Tendencias de arquitectura contemporánea". En él intentan descifrar la actitud que los arquitectos de la posguerra de la década de los cuarenta deberían proponer:

"Nuestra época todavía no ha encontrado su expresión ni en la técnica ni en el arte o en el estilo de vida".

Reconocen que la utopía neogótica de Klint, el funcionalismo del estado de bienestar o la visión de la exposición universal de Estocolmo (1930), se habían distanciado de la realidad. Proponen una nueva visión del estilo de vida y una vuelta al paisaje, a las formas naturales y a lo vernáculo. Las imágenes que ilustran el artículo, recordando lo estudiado de K. Blossfeldt y D'Arcy Thompson, así lo demuestran: once formas naturales, nueve formas vernáculas y cinco ejemplos de arquitectura orgánica de Aalto y Wright.[5]

En 1945, junto con Tobias Faber y Morgen Irming, en el concurso de Cristal Palace, Utzon había proyectado el primer ejemplo intuitivo de plataformas y mesetas. En la planta de cubiertas apreciamos la adecuación topográfica de la propuesta dividida en dos partes antitéticas. En la primera, una plataforma se convierte en una topografía artificial, donde se desarrolla el programa puramente expositivo y teatral. Mientras, en la segunda, donde se ubica el complejo deportivo y en especial el anfiteatro, se manipula la topografía natural, tallando y articulando el terreno. Esta operación, a diversas cotas según su orografía, está matizada con la representación de los diversos materiales y sombras arrojadas. Sombras, que hacen entender el nuevo paisaje propuesto, entre creado y encontrado, al mismo tiempo que evidencian los volúmenes emergentes que se apoyan sobre las plataformas. Formas emergentes que recuerdan a las experiencias vividas junto con el escultor H. Laurens en París, donde se involucró en los estudios de suspensión y ascensión sobre una plataforma.

---

5. Esta anécdota es recogida por Utzon en "Entrevista con Jørn Utzon". *Cuaderns* nº 137, mayo1982. Cfr. A. Pieltain. "J. Utzon, casa Utzon, Porto Petro". *AV Monografías* nº 60. Madrid. 1998.

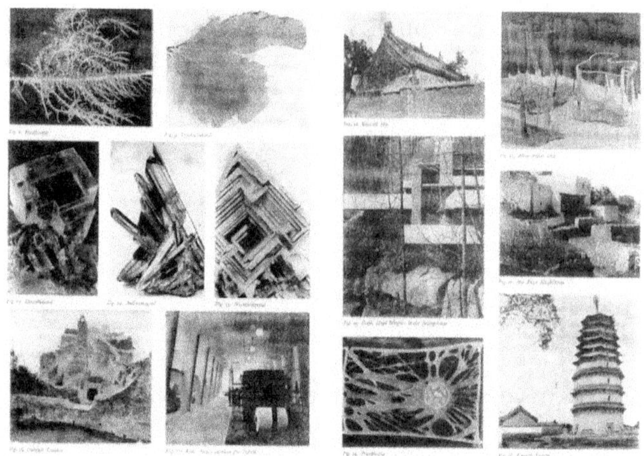

(5)
"Tendenser: notidens arkitektur", 1940
J. Utzon y T. Faber

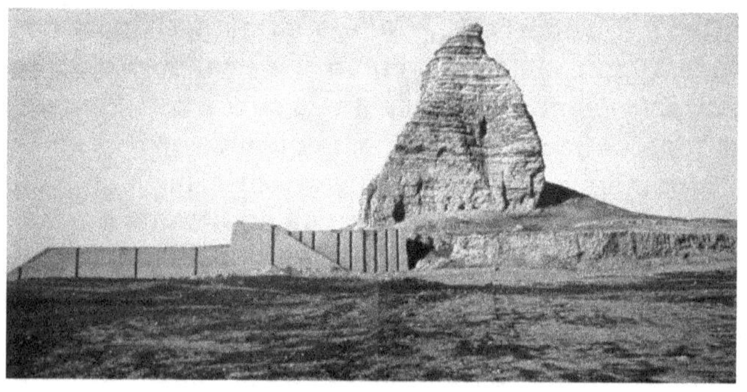

(6)
Zigurat Aqarquf. S. XI-XII

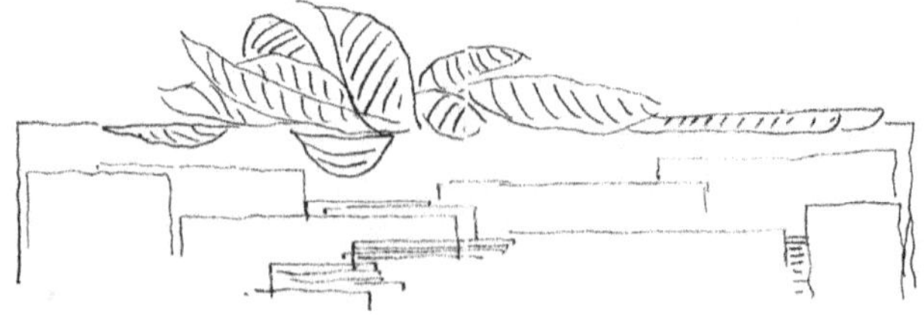

En 1949 visitó en Méjico las plataformas de Uxmal y Chichen-Iza, en la península del Yucatán, y el Monte Alban, en las cercanías de la ciudad de Oaxaca. Pese a confesar que esta visita

"fue una de las experiencias arquitectónicas más importantes de su vida"

no será hasta 1962, en su conocido artículo de la revista *Zodiac*, cuando lo ponga de manifiesto. Tiempo dilatado, pero en el que, al igual que su arquitectura se ha destilado, se han reformulado sus pensamientos y sentimientos, combinándose con sus reflexiones sobre la arquitectura oriental y la del Indostan.

Al subir a estas plataformas experimentó la sensación de firmeza que emana de un macizo rocoso y descubrió, al igual que los mayas, la dimensión de una nueva vida, un cambio de experiencia visual:

"Gracias a este artificio arquitectónico cambiaron totalmente el paisaje y dotaron a su experiencia visual de una grandeza solo comparable a la grandeza de sus dioses".

Esta experiencia será aplicada en las plataformas de Sidney, con una nueva relación entre continente y contenido, mediante una plataforma horizontal, capaz de articularse, esculpirse y adaptarse al programa, al mismo tiempo que es capaz de referenciar una forma suspendida. Utzon, no busca en la historia para extraer elementos del pasado para sacarlos de contexto, sino comprender la afinidad interior y el reconocimiento espiritual de aquélla, como acertadamente subraya Gideon. Afinidad propositiva entre acción e historia, que hay entre el Concurso para la Exposición Universal de Copenhague (1959) y el Zigurat de Aqarquf, S. XI-XII. No está interesado en una reconstrucción de su estado ideal, sino en el estado actual, donde el tiempo y la erosión, lo hacen más hermoso, si cabe.[6]

Subido sobre su plataforma, sobre lo horizontal, dominando el paisaje, siente que las nubes son para él la cubrición soñada. Puesto que uno flota, y sobre su cima:

---

6. En 1949 Utzon visitó Méjico durante su estancia becado en Estados Unidos. En este tiempo tuvo oportunidad de entrevistarse con Mies van der Rohe y visitar Taliesin, donde conoció a F. LL. Wright.

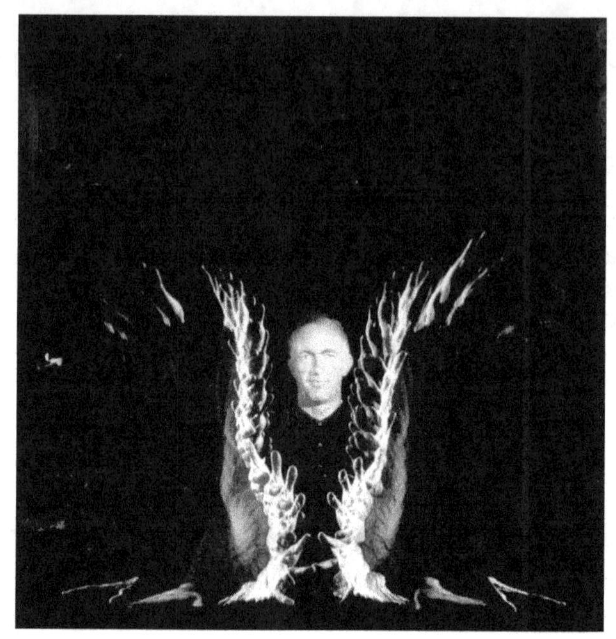

(8)
Retrato.
J. Utzon Revista *Zodiac*, nº 14

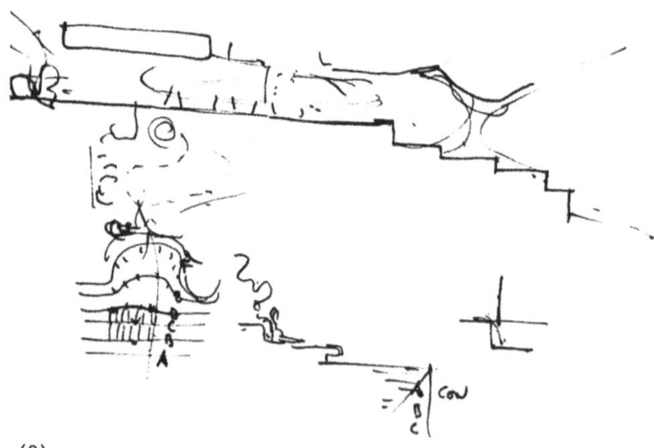

(9)
Casa en Bayview, 1963
J. Utzon

"no se ve otra cosa que el cielo, y que las nubes pasan: un nuevo planeta".

Una nueva experiencia visual, sobre los árboles, sobre la naturaleza, que no podrá olvidar, al igual que Cósimo, el protagonista del Barón Rampante de Italo Calvino, prometiendo no volver a tocar el suelo.

BAYVIEW, SIDNEY 1963-65

Tras su triunfo en 1957 en el concurso de la Opera de Sidney, Utzon decidió infructuosamente construirse una vivienda en la ciudad australiana desde 1963 a 1965. Ha pasado ya más de una década desde el proyecto de su primera vivienda y, sin lugar a dudas, en este intento aplicará todas sus nuevas experiencias en la creación de un nuevo refugio: Una plataforma, rodeada de un bosque de eucaliptos, desde donde sentir lo horizontal, lo vertical, la brisa y el firmamento.

Los primeros croquis atribuidos a la vivienda reflejan una serie de plataformas de distintas dimensiones y cotas, escalonadas e independientes. Todas ellas están conectadas por un sistema de escalinatas no continuas, que van resbalando y adecuando su posición en función de las necesidades de comunicación de cada una, agrupando terrazas y generando un recorrido sinuoso entre ellas.[7] Sobre este sistema horizontal, una cubierta de directrices curvas, fragmentada, con elementos independientes recuerda a las cubiertas vegetales de los refugios de campo de su norte natal. Pero esta cubierta no se limita a cubrir el perímetro, ni tiene unos límites estrictos, sino que parece ser un crecimiento vegetal autónomo, una flor con pétalos y hojas, en la que su sistema resistente está compuesto por pecíolos y nervaduras. Una forma vegetal como las que ejemplifican su manifiesto arquitectónico de 1947. La cubierta orgánica florece, sin ninguna directriz más que su centro, suspendida livianamente sobre la plataforma: protege a sus habitantes y atrae a los visitantes.

---

7. Utzon conocerá los trabajos de Karl Blossfeldt *Unformen Kunst* 1928 y D'Arcy Thompson *On groth and form* 1918. Cfr. K. Frampton. "Jørn Utzon: Forma transcultural y metáfora tectónica", en AA.VV. *Jørn Utzon*. Ministerio de Obras Públicas, Transportes y Medio Ambiente. Madrid. 1995.

Ese croquis, supone una declaración del anhelo, de lo que se siente y se desea. Como Utzon escribe en su artículo

"La importancia de los arquitectos" citando a un poeta sueco: "no permitáis que la inteligencia se interponga u obstruya el camino de salida de vuestros sentimientos".

Pero también de él se deduce la persistencia y el convencimiento aprendido de su padre desde joven, en los astilleros de Elsinor, de que todo es posible. En efecto, en la revista *Zodiac* n° 14 de 1967, el artículo sobre su obra se abre con un retrato de Utzon vestido de negro, sobre fondo negro, en el que solo se distinguen su rostro y sus manos. Unas manos que, en la superposición múltiple en movimiento, definen una forma aleatoria moldeada por el arquitecto. En este retrato se nos presenta como un mago, un mago de las formas, que solo con sus manos y su personal fantasía espacial, es capaz de crear todo aquello que puede imaginar.[8]

En su autorretrato, de cuerpo entero, Utzon estampa su firma con su mano derecha con un pincel. Al mismo tiempo, la mano es redibujada tomando tinta de su propio cerebro. El cerebro permanece abierto como un tintero para dotar de lo necesario a su mano y poder proyectar: lo consciente y lo inconsciente. Este es su punto de partida: trasladar lo más personal, lo más íntimo, las reacciones inconscientes a la conciencia, como manifestó en "La esencia de la arquitectura".

LO INCONSCIENTE

Preguntándose igual que Kahn, lo que un edificio quiere ser, dibuja las cubiertas de Sidney. Un dibujo intuitivo, en el que los problemas de construcción o geométricos se obvian. Se dibuja, se busca, se experimenta, se repiten grafismos sin ningún orden, de un modo mecánico. Lo Importante es lo hallado, lo que está oculto, lo sensible. Al igual que explicitó Alvar Aalto en su artículo "La trucha y el torrente de la montaña", Utzon deja fluir sus ideas de un modo libre, para

---

8. Cfr. S. Gideon. "Jørn Utzon y la tercera generación". *Cuadernos Suma Visión* n° 18. Buenos Aires. 1969.

después entender que todas ellas son una realidad proyectual. Las plantas y secciones se superponen, se va de lo singular a lo general, se rechazan ideas, se numeran y codifican.

Pero en la búsqueda de la idea, el material para dibujar también es un medio. La tiza y el pastel en los croquis del liceo de Elsingor (1958), se convierten en un instrumento directo. Un solo trazo, un dibujo de rasguño es capaz de contener la idea de la plataforma, la torre y su sección en el paisaje ondulante. Lo efímero de la sal, sobre una cartulina azul, susceptible de verterse y moldearse, difuminarse, variarse, excavarse, generar huecos y el relieve, es el medio ideal para el Museo de Arte de Silkeborg (1963). Es un museo excavado, con referencias a las arquitecturas vernáculas y orientales, que pretendía alojar la colección de Asger Jørn, artista y fundador de grupo CoBrA, que en su obra propone el arte efímero del trazo de luz con su lápiz luminoso, o las texturas casuales de las tierras manipuladas con medios mecánicos o manuales.

En los croquis para su segundo refugio, la búsqueda se explicita. Las diversas plataformas parecen tomar forma, la cubierta se hace intuitiva al tiempo que se desdibuja para convertirse en un lienzo. En la parte inferior la silueta se concreta. Frente a la sinusoide que flota sobre los planos horizontales, una sección y una planta toman dimensiones con sus puntos referenciados. En otro de los croquis aparecerá la lámina de agua en la parte inferior, como en su primera vivienda. La cubierta vegetal vuela sobre un gran muro abarcando su espacio, proyectándose tanto hacia el mirador, como hacia el espacio de llegada. Las plataformas a diversas cotas se ocupan, se hacen vivideras, al mismo tiempo que las escalinatas permiten que haya continuidad física y visual entre ellas. Es el momento de trasladar las reacciones de lo inconsciente, a loconsciente.[9]

LO CONSCIENTE

En una síntesis empírico racional, Utzon argumenta que la arquitectura se basa en la interacción de intuición y técnica:

---

9. Cfr. J. Utzon. "La importancia de los arquitectos". Op. cit.

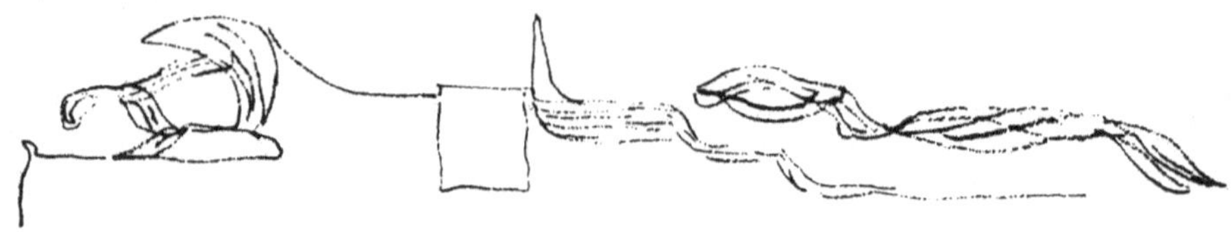

(10)
Ópera de Sídney
J. Utzon

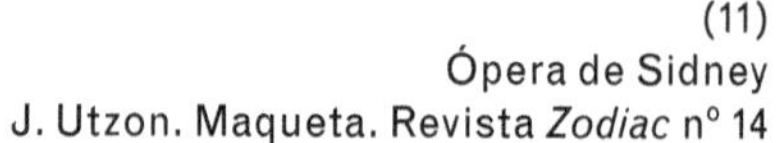

(11)
Ópera de Sidney
J. Utzon. Maqueta. Revista *Zodiac* nº 14

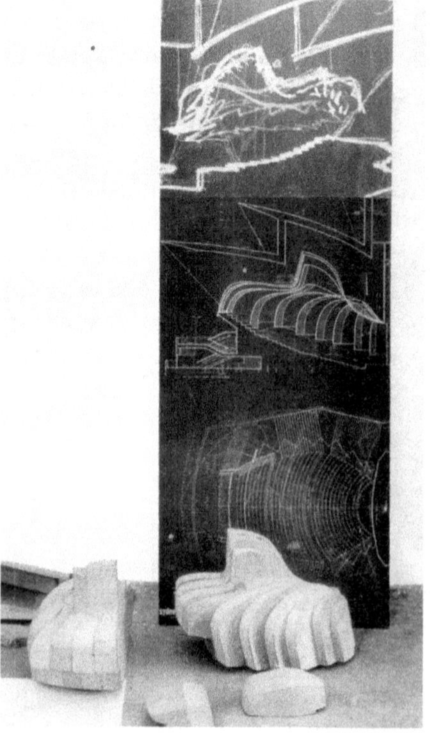

"Si uno quiere llegar a ser arquitecto, habrá de dominar la tecnología para poder desarrollar sus ideas... para construir sus sueños".

De este modo, lo buscado, lo propuesto se hace realidad en la primera planta de su nueva vivienda. En la primera, pues son cuatro cronológicamente las propuestas.

Esta planta contiene un orden formal de terrazas abiertas en continuidad, que conectan los diversos pabellones cubiertos que alojan el programa de servicio, estar, y noche. La plataforma de cubierta vegetal flotante, se ha convertido en un recinto delimitado por muros perpendiculares al desarrollo de las terrazas, con una cubierta escalonada que focaliza y enmarca las vistas sobre el mar. Este esquema de planta, reelaborado en Can Feliz (1994), se desarrollará hasta convertirse en una vivienda bipartita, que el arquitecto finalmente desistió construir.

En la Opera, Utzon descubre que el problema es la cubierta. En los primeros croquis las intenciones e intuiciones responden a las expectativas, nada existe si no se puede dimensionar y materializar. De ahí que lo consciente, el intelecto y la capacidad de la experiencia, sean para él los mecanismos propios de la disciplina arquitectónica:

"Los dibujos no adquieren valor por sí mismos, cuanto están formados por líneas sin sentido ni dimensión: las líneas moduladas representan el espesor de los muros y las líneas sobre el papel definen los contornos de los objetos".

Por fin, la cubierta se acota sobre el plano y adquiere la tercera dimensión como parte de una misma esfera, sencillamente con la misma curvatura.

Utzon utilizó toda su capacidad de observación, tanto de la naturaleza como de toda expresión humana, para empíricamente enfrentarse a la resolución de los retos que sus proyectos le planteaban. El reventar de las olas sobre la costa, genera espacio, una forma suspendida que él asimilará a una bóveda. En su mirada analítica y voluntariamente inocente, su trabajo coincide con el de otro inquieto inquisidor, Leonardo da Vinci y sus estudios sobre el movimiento del agua (1492) y la cascada de agua (1502). Ambos coinciden en el método empírico, que revela el sistema de trabajo de Utzon, puesto que la naturaleza para él no conoce compromisos y acepta todas las dificultades.[10]

En el intento de llevar estas experiencias a la práctica, probará, para el proyecto de la Opera, con el desplazamiento de secciones cilíndricas de la misma dimensión en diversos planos y ejes. De la sección llega a hacer una maqueta dinámica en la parte central de la revista *Zodiac*, para que el lector, en su acción de pasar las páginas, pudiera componer por sí mismo las posibilidades de un mecanismo formal tan sencillo. O como en el caso de la Iglesia de Bagsværd (1968-75), la intersección de cilindros de diferente sección es capaz de generar las nubes, como imagen sentimental de la que disfrutó años antes sobre las plataformas americanas. Estas nubes aluden a la bóveda celestial, a la idea original de condensador social y casa de asamblea o eclesia.

Una imagen del estudio de Utzon, igual que la del estudio del pintor Einar Utzon Frank, resume su modo de trabajo. Un panel explica el cieloraso de las salas de la Opera. En la parte superior, un croquis, un boceto sin dimensión, de trazo grueso, en el que los rasgos se superponen y las directrices se corrigen: representa la idea. En la parte inferior vemos que este primer boceto se ha dimensionado, se ha ajustado a la sección capaz. Dibujado en tinta blanca, con escuadra y plantillas de curvas, es mesurable y exacto, está referenciado a la sección y a la planta: representa la técnica. Por último, apoyadas en el suelo dos maquetas tridimensionales, refinadamente toscas y naturales, una completa y otra que por partes explica el proceso de generación del espacio: representan la comprobación empírica de la forma.[11]

EL PROBLEMA DE LA CUBIERTA. LO ADITIVO

En la última de las plantas de su refugio australiano, la propuesta tripartita se ha reducido en una de sus partes. Son dos recintos equiva-

10. Cfr. R. Weston. *Jørn Utzon. Inspiration, Vision, Architecture*. Blondal. Hellerup. 2002. Cfr. J. Ferrer. Op. cit.

11. Cfr. J. Utzon. "Arditive Architecture". *Arkitektur* n° 1. 1970; Cfr. J. Utzon. "Arquitectura Aditiva", en AA.VV. *Jørn Utzon* Ministerio de Obras Públicas, Transportes y Medio Ambiente. Madrid. 1995.

lentes unidos por un conector transparente. Cada recinto está limitado
por un muro en su perímetro que es duplicado en aquellos puntos
donde la necesidad estructural y formal es conveniente. En su interior,
las diversas plataformas que lo componen están cubiertas dependiendo de su uso. La cubierta no es globalizante, sino que se adecúa topográficamente a cada uno de los puntos donde se apoya. Es, al mismo
tiempo, continua en planta, pero, diversa en alzado y sección.

En estos años encontró un problema similar en la cubierta del concurso
para el teatro de Zurich (1963), o previamente en el proyecto del banco
Melli de Teherán (1959). En este último, propone la caligrafía como
referente para su resolución. La caligrafía oriental no está teñida de las
reglas occidentales y el nombre del banco en árabe sugiere su forma.
Pero aparte de esta referencia poética, Utzon utiliza la caligrafía como
metáfora del sistema aditivo. Las letras, como sistema de signos codificado concreto, pueden expresar, en lo aleatorio de su orden, cosas
diferentes aun componiéndose del mismo número y cualidad de elementos. Si con treinta y un signos podemos comunicar cualquier idea o
expresar cualquier sentimiento ¿Cómo en arquitectura no hacerlo con
menos? Esta es la respuesta: la diversidad desde la igualdad.

Lo aditivo, lo repetitivo, los elementos estándar:

> *"sin tener la necesidad de cortarlos a medida o adaptarlos de cualquier manera",*

se convierten en los protagonistas de su arquitectura. Así, en la
cubierta de la Opera, elementos cerámicos iguales, pero con dos pátinas diferentes, al reflejar la luz en una diferente orientación, hacen
que la cubierta se dote de una cualidad específica en cada punto.
Utzon se propone convertir en estándar los elementos singulares con
los que construir su arquitectura. Elementos basados en su intuición
inconsciente, desarrollados por la técnica consciente.[12]

Como lo descubierto en su juventud, pretende influir en la producción
técnica de sus proyectos y no que las limitaciones técnicas influyan
en la resolución de su arquitectura. Estudia cómo la tradición constructiva china se basa en el ensamblaje de un número limitado de

---

12. Cfr. J. Utzon. "The Sidney Opera House". *Zodiac* n° 14. Milán. 1965.

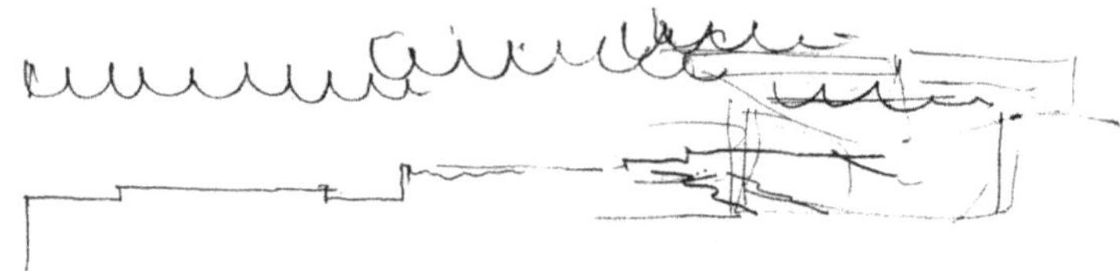

(12)
Casa en Bayview, 1963-1965
J. Utzon

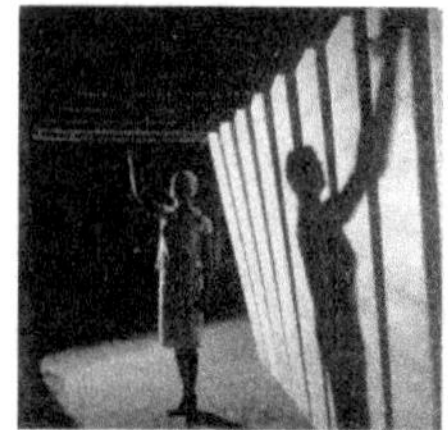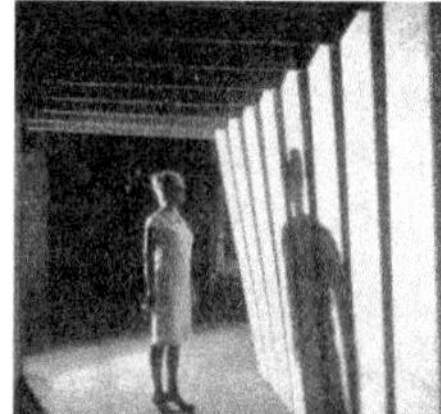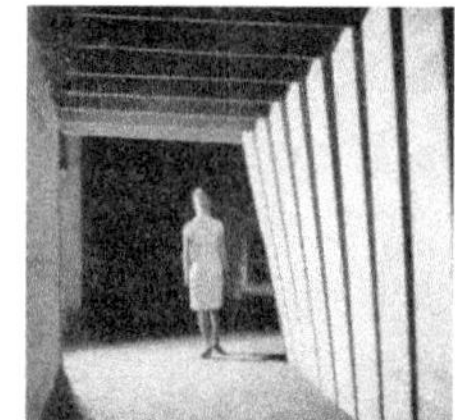

(13)
Opera de Sídney
J. Utzon

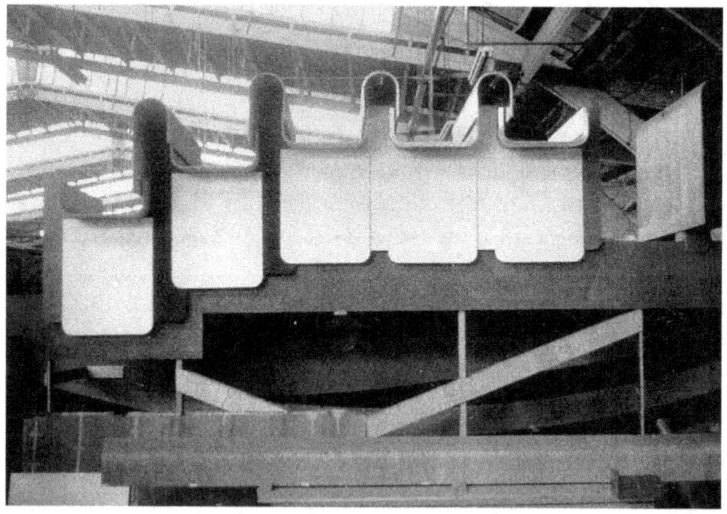

(14)
Casa en Bayview, 1963-1965
J. Utzon

partes. Relata Kenneth Frampton, citando a Peter Meyers, que Utzon guardaba un ejemplar del Yindzao FaShi, al que recurría en esos años como manual intencionado de mediación entre forma-construcción. De este modo ensayará la cubrición acústica de la sala de Sidney, formado por un sistema reiterado de elementos quebrados como los aleros de la arquitectura china, o resolverá los corredores de acceso y circulaciones del basamento.[13]

El problema de estos corredores era ser demasiado lineales y desvirtuar la transición entre el espacio exterior y las grandes salas. Con dos elementos, uno horizontal y otro vertical, colocados de manera que el ángulo entre ellos no fuera el mismo, conseguía que éstos cambiaran determinantemente el espacio que los contenía. Se convertían en un sinuoso túnel escavado, un recorrido ceremonial, parejo al de los intorii del templo japonés Inari Shrine de Tokio. Los pequeños desplazamientos, la ruptura de la perspectiva central, las sombras que se proyectan y la luz que se adivina entre ellos, dotan al espacio de una cualidad sorpresiva e ilusoria propia de la pluralidad buscada en el basamento ocupado, capaz de esculpirse y articularse.

En la cubierta para su refugio de Bayview, Utzon investiga sobre las propiedades de ensamblaje de elementos iguales y su capacidad de desplazamiento. Estos desplazamientos pueden ser combinados y alternos, de manera que, la cubierta vegetal propuesta se amolde y adecue a la topografía artificial de los muros y la plataforma que definen los recintos. En su combinación el resultado es múltiple, pero el danés no olvida las condiciones de confort que ha de reunir una cubierta:

"La cubierta puede volar, saltar en un brinco o en muchos pequeños. El problema es cómo resolver la impermeabilización, los requerimientos estructurales y el aislamiento térmico en un elemento industrializado. Es un proceso único, que en combinación genera numerosas cubiertas, un bonito problema".

Es en este punto donde la cubierta se concreta y se materializa. Continuando con los estudios de las vigas de madera laminadas que ensaya para la Opera y unos elementos curvos de aluminio, los croquis

---

13. Utzon llega con sus estudios empíricos sobre la sección de la cubierta casi a la misma conclusión que a la que llegó Leonardo en sus diagramas sobre la compresión del aire (1513).

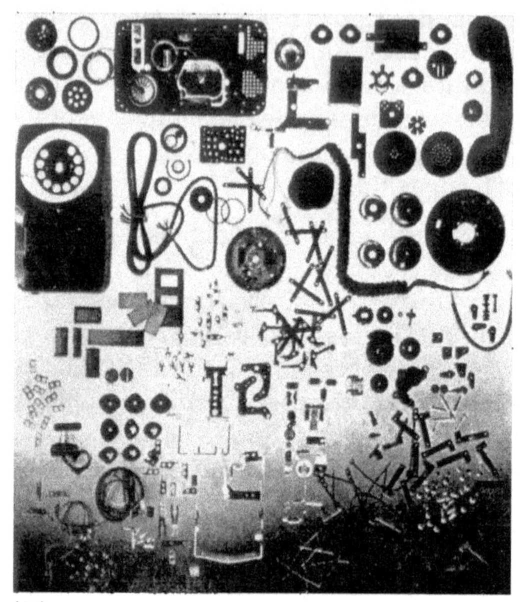

(15)
"Put them together and dial anywhere", Revista *Zodiac* n° 14.
J. Utzon

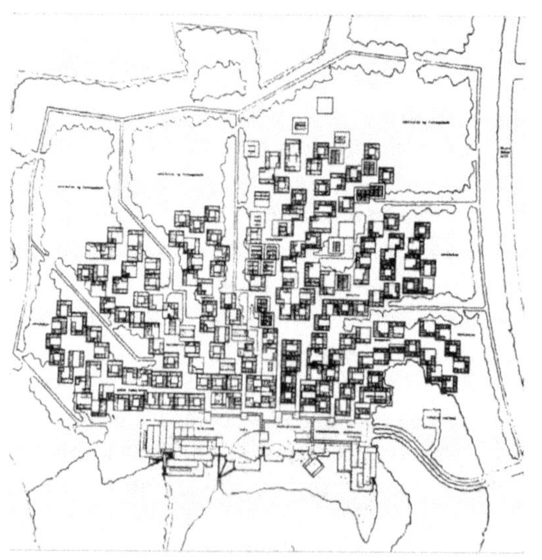

adquieren dimensiones precisas, exactas, y los documentos gráficos
se convierten en planos de montaje, con secciones numeradas y codi-
ficadas. Se muestra su límite dimensional y de deslizamiento entre
planos. La maqueta, siempre la tercera dimensión, lo ratifica.[14]

ARQUITECTURA SIN ARQUITECTOS

Con la imagen que concluye su artículo en la revista *Zodiac* n° 14,
todas las partes de un teléfono están desmontadas sobre la frase
"Móntelo y llame a cualquier sitio", Utzon formula, como Alexander,
un "Kit of parts" idóneo en cada proyecto.

Un kit capaz de adaptarse y diversificarse, específico, formado con
elementos de doble función como un sistema universal con la capacidad metafórica de estar Anywhere. Elementos funcionales repetibles,
que en su regeneración y reformulación adquieren significado.[15]

Paralelamente a Rudofsky, en su libro Arquitectura sin arquitectos
(1964), a Utzon le interesa el código natural de implantación y crecimiento de la arquitectura tradicional. Un código casi genético, en
el que las formas se reproducen y crecen con directrices naturales,
orgánicas o cristalográficas. Un sistema de módulos en evolución
que, como el de los poblados de Zambia, con sus elementos principales y secundarios, se convierte en una estructura viva, susceptible
de ampliación y continuación, similar a la del Centro urbano de Farum
(1966). En él encontramos una estructura que se acomoda a la topografía, donde el plan inicial puede variarse atendiendo a las necesidades, y concluirse con la naturalidad de un crecimiento orgánico.

Las unidades, en función de la variación de posición, desplazamiento, orientación y ocupación, adquieren diferentes relaciones. Como
los nidos de golondrina, iguales pero diferentes, con sus aberturas
orientadas en apariencia aleatoriamente, son capaces de generar una
colonia. Así en las viviendas Kingo (1957), o en el concurso para el
centro universitario de Odense (1966) Utzon imagina agrupaciones

---

14. Cfr. J. Utzon. "Arquitectura Aditiva". Op. cit.
15. Cfr. K. Frampton. "Jørn Utzon: Forma transcultural y metáfora tectónica". Op. cit.

de elementos, que en su globalidad generan la unidad, expansible o comprimible. Cada una de las piezas tiene una ubicación concreta y adapta su configuración con la que se yuxtapone. El sistema que se auto propone es fruto de una ley arcaica, conocida, pero no formulada, que forma parte de nuestro ancestral conocimiento.[16]

CAN DE LIS (1971-73). LA MEMORIA

En 1971 Utzon decide construirse una vivienda en Mallorca, sobre un acantilado al borde del mar.

Con el material más sencillo que tiene en sus manos, unos terrones de azúcar, comienza a aparejar con esmero un muro, una tapia. Al reducir el patrón, el tipo, a ese elemento prefabricado inmediato, la piedra del marés adquiere para él la ejemplificación del material autóctono con el que construir su nuevo refugio.

Si volvemos a su autorretrato, en el tintero de su mente, entre lo consciente y lo inconsciente, en un sustrato independiente, se encuentra la memoria. Pero hablar de la memoria es hablar del paso del tiempo, de la evocación, de aquello vivido y revivido, de lo experimentado y lo sentido. Es hablar del recuerdo y del pasado. Y en el pasado, se buscan las relaciones que las formas tienen entre sí. Se trata de una actitud interior en la que la ruina y el devenir de la historia, como modelo de conocimiento personal, son el elemento destilado de la esencia de la arquitectura.

Pero una mirada hacia atrás se impone. Una de las ilustraciones que contenía el artículo que, junto con Tobias Faber, escribía en 1947, "Tendencias de arquitectura contemporánea", se había pasado por alto. Bajo el epígrafe, Fig. 21. Hus Ibiza Middelhavet, una fotografía de una construcción tradicional de la isla es una de las pocas imágenes de arquitectura contenida en el manifiesto. Se trata de una construcción rural, enclavada en el paisaje, compuesta de múltiples pabellones, sobre un sistema aterrazado, con pequeñas perforaciones en sus muros, todos ellos realizados en la piedra del país. Un ejemplo de la arquitectura vernácula que conocía desde joven.

---

16. La primera edición de esta obra fue publicada en inglés por la editorial Sanseido en Tokio, 1937. Cfr. B. Taut. *La casa y vida japonesa.* Caja arquitectos. Barcelona. 2007.

Esta imagen, es la misma que con el pie "113 casa rural en Ibiza (Baleares). Fotografía de W. Segal", es publicada por Bruno Taut en 1937 en *Houses and people of Japan*. En este libro, el autor relata su estancia en el país del sol naciente, el descubrimiento de su arquitectura popular, sus costumbres y hábitos. Esta ilustración, a la que acompaña una planta, completa el discurso sobre las viviendas tradicionales. Para Taut ejemplifica la paradójica diferencia de la construcción en dos islas, con la misma latitud y orientación, pero diferente clima. La coincidencia de la reproducción de las dos imágenes, conocida por Utzon o no, no resulta casual. Al igual que Taut, el danés es un estudioso y conocedor de la arquitectura oriental. Pero mientras que el arquitecto alemán refleja las diferencias desconocidas para él entre Oriente y Occidente, para Utzon se convierte en un icono más, dentro de su bagaje transcultural de reflexión. Una imagen conservada en la memoria, reproducida en su mente que se convierte en el principio de su refugio.

La planta, compuesta por cinco pabellones independientes, refleja el orden casual de la arquitectura anónima de la isla. Cada pabellón adopta una posición y se ubica en lo alto de la escarpada plataforma natural, como si cada uno, en función de su uso, vistas y perforaciones, on la naturalidad de lo vernáculo, se posara donde debiera estar. Esta actitud, en la que solo existe el orden natural, frente al orden artificial impuesto, nos hace recordar a la escritora también danesa Isaak Dinesen, y su libro autobiográfico *Out of Africa*, fechado igualmente en 1937. Como un lugareño más, Utzon se resiste a construir los pabellones alineados y con la misma geometría, al igual que los trabajadores de Dinesen. Pues, en cada punto de la tierra, la topografía es diferente, las sombras inciden de manera desigual, el paisaje se nos sugiere desde otro referente y la brisa nos refresca a distinta hora.

Los módulos del refugio son, unos abiertos y otros cerrados. Los recintos se apoyan sobre tapias o solo tienen tapias. El patio organiza o distribuye. Pero toda esta diversidad, está realizada con los mismos elementos formales y constructivos: el mismo despiece de piedra, las mismas dimensiones y el mismo aparejo. Son pabellones de piedra sin muebles ni otro elemento añadido, cuevas edificadas como las definiría Taut, construcciones sólo con vistas. Desde el primer croquis en sección y planta, Utzon hace entrever sus intenciones, unos refugios para ver, para mirar a través de los profundos huecos abocinados, en los que hasta la carpintería se ha colocado al exterior, para no interrumpir el paso de la mirada.

En este primer boceto, sorprendentemente fiel a la realidad construida, están el pedestal rocoso sobre la lámina de agua del mar y el estar de doble altura sobre un podio rodeado de naturaleza. Como si volviera a revisitar su primer viaje a Méjico en 1949, en la costa, sobre un abrupto cortado sobre el mar se encuentra el Castillo de Tulum. Realizado en piedra y rodeado de vegetación baja, domina el paisaje, el cielo y el mar. Utzon nos demuestra cómo el pasado y la memoria se convierten en mecanismos de reflexión y proyecto.

Busca en esta vivienda lo primario de la arquitectura, es moderna y antigua al mismo tiempo. Al igual que las ruinas de Uxmal evidencian el despiece de piedra en sus volúmenes retranqueados, haciendo que el paso del tiempo y su pátina complete su significado, Utzon hace una vivienda intencionadamente atemporal. El escorzo de sus pabellones, en el que unos avanzan y otros se retranquean, el monomaterial de su volumen, que se funde con el territorio que lo rodea, la somera cerca, parecen esperar al tiempo, pasado o futuro, para adquirir su estado final.

En el interior de los patios, la piedra es suelo y muro, mesa y banco, pilares y peto. Tan sólo el cambio de material en los dinteles niega su continuidad. Estos dinteles realizados con dobles viguetas de hormigón hablan del pasado. Del pasado cercano en los dinteles de piedra artificial de la arquitectura nórdica construidos por Asplund y Lewerenzt. Del lejano, en las desaparecidas vigas de madera, sustituidas por otras de hormigón en las ruinas de Pompeya, necesarias para mantener la estructura porticada de patios y muros de piedra.

En el recuerdo y la memoria, atesoramos nuestras imágenes del ayer. Estas surgen, se agolpan en nuestra mente como una cascada de fotogramas sin aparente conexión, pero en su secuencia, en su repetición aleatoria, expresan aquello que nos es más querido, más personal o de lo que más hemos aprendido. Así, los muros de los distintos volúmenes, conservan las huellas y cicatrices de la memoria, no como discurso lineal, sino como aquella solución más oportuna en cada episodio. Están Oriente y sus puertas luna en el recorte semicircular del muro, que permite ver el mar, la puesta de sol y el crecimiento del árbol cercano. Los embaldosados locales previos al zaguán de entrada, con el orden natural de los pavimentos de La Acrópolis, de Pikionis, o el uso del corte de sierra de la piedra, cuando es más esencial y se

convierte en una materia ajena al tiempo, no son de ahora, ni de antes.
Por último, una perforación, aparentemente accidental, pues parece
que el muro hubiera perdido una de sus piezas, capta todo el interés.
Situada en el encuentro entre dos paramentos, como los huecos de luz
negra de la iglesia de San Pedro, en Klippan de Lewerentz, evidencia
su dimensión y su aparejo y, a la vez, anticipa un mundo interior diferente. En efecto, el interior es una envolvente pétrea que ha perdido
sus dinteles de hormigón. Solo sus troneras abiertas al paisaje, que en
su oblicuidad, duplican nuestra percepción del espesor de los cerramientos, se nos hacen presentes. Solo, salvo la luz rasante al muro,
una luz que se mueve con el paso de las horas, con los días y las esta-
ciones: una grieta en la gruta que le sirve de refugio.

CAN FELIZ (1991-94). EPÍLOGO

Los primeros croquis de esta vivienda son contemporáneos a Can
Feliz,[17] pero no se materializan en proyecto hasta principios de los
noventa. Se trata de una vivienda en la que reformula el habitar, medio
siglo después de la primera casa de Hellebæk. Una nueva experiencia
probablemente forzada por las virtudes de implantación de Can Feliz,
intensidad del soleamiento y proximidad al mar. Un nuevo refugio, al
final de su trayectoria, que contendrá sus experiencias más queridas:
la tradición, la estandarización, lo artesanal, lo aditivo y la memoria.

En ella Utzon reelabora la primera propuesta que, para su vivienda de
Bayview, proyectó a principios de los sesenta. La planta está modulada
y dividida en tres sectores. Esta se podría contraer, ampliar o reducir.
La no jerarquía de la disposición de sus tres partes, es susceptible de
alteración, permutación, iteración o sustitución de algunos de sus fragmentos. Es un gran engranaje de piezas, de espacios, con dimensión
específica en el que, cada uno adquiere significado por proximidad a
otro. Todo ello emana de la necesidad de libertad y:

*"un profundo deseo por huir de la vivienda en forma de caja de dimen-
sión prefijada subdividida en particiones al modo tradicional."*

---

17. Cfr. J. Ferrer. Op. cit.

Los componentes se suman buscando las demandas de los habitantes como proponía en su vivienda Expansiva Byg de 1969, de la que construyó un modelo junto a la casa de su padre en Hellebæk. Al igual que en esto prototipos se estandarizan los elementos constructivos que la componen, Utzon estandariza los materiales de construcción que encuentra en su entorno. La condición para esto es ser fáciles de montar y manejar como los son la piedra del marés, las viguetas semi-resistentes, la bovedilla cerámica, la rasilla y la teja. Es en este punto en el que Utzon sorprende, estandariza lo más humilde, lo común de su contexto insular, lo más humilde de la sabiduría popular.

Perpetuando a un Bygmester, se sube y apareja sobre un andamio la piedra, respetando el conocimiento ancestral de la arquitectura. Una arquitectura que contiene todo aquello que han de satisfacer los requerimientos de una vivienda unifamiliar, como recuerda de su descripción del sistema expansivo: pies derechos, cubierta, muros exteriores sólidos y distribución flexible.

Los dibujos de la sección, con su plataforma aterrazada, la cubierta a dos aguas que concluye en otra lámina de agua, están llenos de gente habitando el refugio. Personas que se reúnen en torno a una mesa, pasean por el recinto exterior, llaman a la puerta o sencillamente hablan en el estar protegidos por un umbral del exterior. Figuras que nos recuerdan a las que están presentes en las secciones del concurso de viviendas económicas Skansa Hustyper de 1953. Personas que habitan y confirman que la arquitectura está concebida para el bienestar, sí como escribió Utzon

> *"se quiere alcanzar la armonía entre el espacio que se crea y lo que en él se va a desarrollar".*

El bienestar que encontró simple y razonable en Asplund, se completa por primera vez con la aparición del mobiliario, el tratamiento tamizado de la luz, la presencia del paisaje y la conexión de las diversas terrazas del interior al exterior que conectan todas las actividades a desarrollar en una vivienda. Para él se trata de:

> *"crear las mejores condiciones posibles para los seres humanos a partir del programa y los recursos a su alcance."*

En el exterior, los muros de módulos se superponen. Cubiertas y testeros iguales generan la forma, recordando la configuración repetitiva tradicional de los templos orientales, con sus piñones escalonados cubiertos de teja y sus umbráculos perforados de transición entre exterior e interior. La arquitectura tradicional, aflora desde su memoria, para materializarse en cada sección y alzado. Un recinto en donde refugiarse, observar y disfrutar. Utzon, o tal vez Cósimo, desde las alturas y subido en su plataforma nos sigue observando mientras solo las nubes le cobijan.

E

ALVAR AALTO Y LA GEOMETRÍA DEL BOSQUE

José María Jové

La naturaleza siempre ha formado parte de la idiosincrasia finlandesa, su cultura está enraizada en esa extraña geografía formada por una interminable sucesión de lagos y bosques que, desde su confuso inicio en el mar, se pierden en el horizonte, en la tundra boreal. Para sus habitantes llega a adquirir un valor mítico, reforzado por la literatura y la música. Baste recordar el poema épico del Kalévala, que llegó a ser seña de identidad nacional en los tiempos de su independencia de Rusia. Los cuentos, poemas y leyendas que el poeta Elias Lönnrot recoge y reelabora en su obra, constituyen una epopeya mitológica donde la presencia de la naturaleza adquiere, en ocasiones, la apariencia de un personaje; o a Jean Sibelius (1865-1957), el compositor que hará de su música una exaltación de la naturaleza, transformando en sonidos los lugares. No es de extrañar, por tanto, que Alvar Aalto comenzara sus conferencias con unas imágenes aéreas de Finlandia, retratos de lagos y bosques, que permitirían, al espectador, situarse en el ambiente y en la particular geografía de su país.

Tampoco debe sorprendernos que Aalto tuviera un profundo conocimiento de este paisaje, pues su abuelo y su padre se dedicaron a dibujarlo, no como artistas, sino desde la mirada del agrimensor y del topógrafo. Por tanto dominaban el arte de describir y delinear detalladamente aquel terreno. A través de ellos tuvo la oportunidad de conocer los secretos de su representación geométrica, es decir cómo mediante una serie de líneas y curvas se determinaban, sobre el papel, las elevaciones del suelo o los contornos de los lagos. Un trabajo que se hacía sobre la gran *mesa blanca* del despacho de su padre, debajo de la que solía jugar cuando era niño, una mesa de dibujo grande donde podían trabajar hasta doce personas, que

> *"dibujaban los planos y mapas que reflejaban gran parte del territorio finlandés; tarea nada fácil y que por aquel entonces no entendía".*[1]

Este aprendizaje prematuro en el dominio de la disciplina de la representación del terreno le permitirá encontrar siempre la mejor relación

---

1. Según relata el propio Aalto en unas notas que dictó a su secretaria a comienzos de los años setenta. Publicadas bajo el título de "La Mesa Blanca", en G. Schildt, *Alvar Aalto, de palabra y por escrito*. El Croquis Editorial. Madrid. 2000. p. 16.

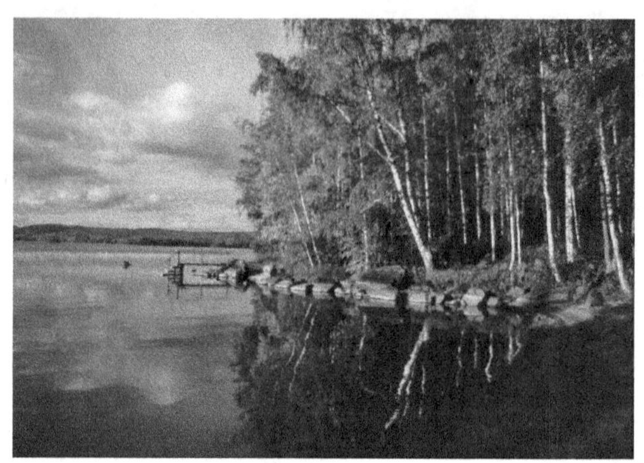

Lago Päijänne

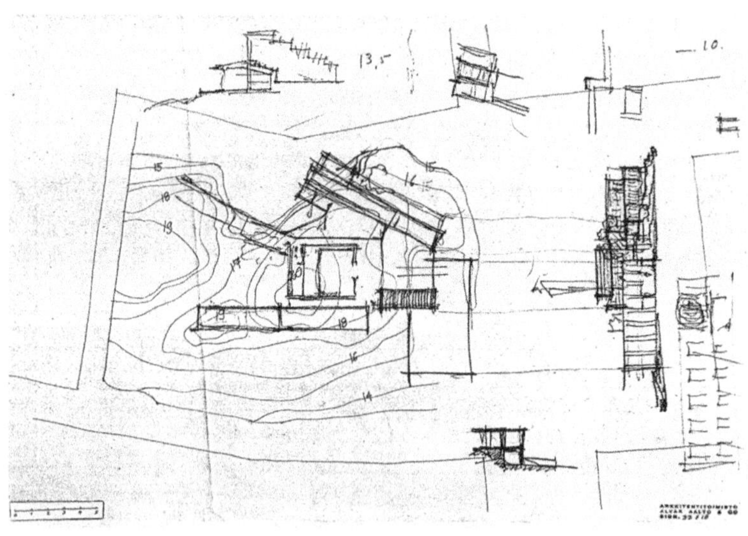

(1)
Concurso para el Ayuntamiento de Nynäshamn, Suecia. 1945
Alvar Aalto

entre sus edificios y el paisaje, una cualidad que habitualmente se
ha reconocido en el trabajo de Aalto. Proyectos como el conjunto de
viviendas en Kauttua, del año 1937, un bloque aterrazado que aprovecha las posibilidades, o dificultades, de la ladera, con la que establece
un diálogo de extrema naturalidad; o los croquis del concurso para el
ayuntamiento de la pequeña ciudad sueca de Nynäsham, realizado en
1945,[2] así lo atestiguan. El emplazamiento elegido por el consistorio
sueco consistía en un montículo rocoso, característico del paisaje nórdico, que ocupaba el solar con que contaba el municipio. La idea de los
organizadores pretendía la voladura del promontorio para situar el edificio más fácilmente; sin embargo Aalto, en esa actitud tan propia de
él, decidió mantenerlo y proponer su edificio aprovechando las laderas
y la cima de la roca. Un planteamiento que se puede reconocer en los
pliegos de croquis que nos han llegado, en ellos los trazados arquitectónicos se superponen sobre las curvas del plano topográfico, formando una unidad de pensamiento. La solución propuesta consistía en
varios cuerpos enlazados, que albergaban distintas partes del programa, apoyados en la pendiente natural, y un patio en la cima, donde un
volumen destacaba sobre el resto, se trataba de la cámara del consejo
dominando el paisaje circundante.

Ambos proyectos, como tantos otros, demuestran que el trabajo con la
topografía forma parte sustancial de su reflexión arquitectónica, involucrando en el proceso de diseño las condiciones propias del terreno,
más allá del mero asentamiento del edificio. Pero no queremos detenernos aquí, necesitamos adentrarnos más en las intenciones profundas
del maestro finlandés. Ayudará a nuestro objetivo recordar las palabras
que escribe en memoria de su amigo Asplund con motivo de su muerte:

*"... eludió copiar las formas arquitectónicas como eludió el constructivismo inútil encontrando en cambio un camino verdadero en la naturaleza y en su mundo de formas... Llegué a la conclusión de que ésta
era una arquitectura cuya escala no se basaba en los sistemas al uso:*

---

2. Se trata de un proyecto poco conocido, firmado junto a Albin Stark, arquitecto sueco
que colaboró con Aalto en varios concursos en Suecia, en G. Schildt, *Alvar Aalto, Obra
Completa*. G. Gili. Barcelona. 1996. p. 128.

aquí todo partía del hombre y de sus emociones con sus innumerables urdimbres sentimentales, así como de la propia naturaleza".[3]

En este pequeño texto, publicado en la revista *Arkkitehti*, Aalto nos habla no solamente de la personalidad y del trabajo de Asplund, sino de una visión arquitectónica particular, de un sentimiento compartido, unas reflexiones en las que se encuentran, evidentemente, sus propias aspiraciones y manera de entender la arquitectura. De alguna manera, desde la visión que proporciona la obra del compañero desaparecido, se explicitan las intenciones propias de Aalto, que no son otras que las de producir una arquitectura que busca sustituir el referente estrictamente arquitectónico por otro, el vinculado a lo natural. Desde esta perspectiva es donde se concentran nuestros intereses.

Si volvemos sobre esas imágenes aéreas de Finlandia, observamos que la tierra es aquella parte que está confinada entre el contorno de los lagos, y que la tierra se encuentra ocupada por el bosque. Un bosque caracterizado por la densidad de sus árboles, donde conviven diferentes especies, no muchas, entre las que se pueden reconocer coníferas –pinos y abetos– y, contrastando con ellas, muchos abedules. Y si observamos con más atención, comprobamos que estos, los árboles, generalmente crecen con una extrema verticalidad, y presentan una marcada geometría.

Estas imágenes podrían remitirnos a una la visión idílica del bosque, pero cualquiera que haya paseado por el monte reconocerá que realmente se trata de un medio que resulta inhóspito para el hombre, pues este lugar es prácticamente inaccesible. Los árboles y la floresta que crece bajo ellos, producen una barrera de tal magnitud que impide la marcha. Es impenetrable salvo que se produzca a través del sendero, aquel camino previamente trazado por algún caminante que nos ha precedido.

Por tanto sendero y bosque establecen un binomio sustancial, determinado por el recorrido preestablecido y definido antes de que nosotros quisiéramos entrar en él. También el bosque es topografía, pues la presencia del suelo, y de sus accidentes, es trascendente, particu-

---

3. Escrito de Aalto, de 1940, en memoria de Gunnar Asplund, recogido en Göran Schildt. *Alvar Aalto, de palabra y por escrito.* Op. cit. p. 334.

larmente si se añade al sendero. Como movimiento bajo nuestros pies, el suelo asciende o desciende durante el trayecto, y también sobre nuestras cabezas, el techo, determinado por las copas de los árboles, puede ser uniforme, o variar en altura. Sus ramas bajas se acercan o separan de nosotros a medida que nos movemos bajo ellas, comprimiendo o dilatando el espacio que nos circunda.

Además el bosque es un lugar de sensaciones, determinadas generalmente por la luz y las sombras, que participan de nuestro paseo a través de él, como también nos acompañan olores y sonidos. Los árboles, con su estructura vertical, organizan ritmos, planos, profundidad; y la luz con sus sombras, aporta densidad y complejidad al recorrido. Finalmente el claro en el bosque es el lugar apto para la ocupación, generalmente preparado por el hombre, abrigado por los mismos árboles que instantes antes nos dificultaban el paso.

Todo un repertorio de componentes espaciales que podemos encontrar en la naturaleza y que son equivalentes a los que forman parte íntima de la concepción arquitectónica. Recorrido, topografía, verticalidad, luz, sensaciones, vendrían a sintetizar las características del bosque, su propia abstracción, en definitiva constituirían la particular geometría del bosque para Aalto. Cada una de estas propiedades será utilizada como instrumento proyectual, como iremos analizando en algunos proyectos.

Por ejemplo, si tomamos el Proyecto del Pabellón de París, construido para la Exposición Universal de 1937, situado justo debajo del Trocadero, un terreno de fuerte pendiente, y con gran cantidad de árboles que había que mantener en su totalidad. Esta circunstancia, juzgada por muchos de los arquitectos que participaron en el concurso como una molesta dificultad, fue para Aalto un acicate a la hora de afrontar el problema. El supo aprovechar la pendiente y la situación de los árboles, realizando una estudiada sección del Pabellón que se adecuaba al terreno, y utilizar la sombra del parque para configurar los patios de entrada, consiguiendo una interesante simbiosis entre edificio y ambiente natural que lo rodea.

El volumen principal contenía el espacio de exhibición más importante, éste era cerrado e introvertido, y se desarrollaba en dos plantas; la

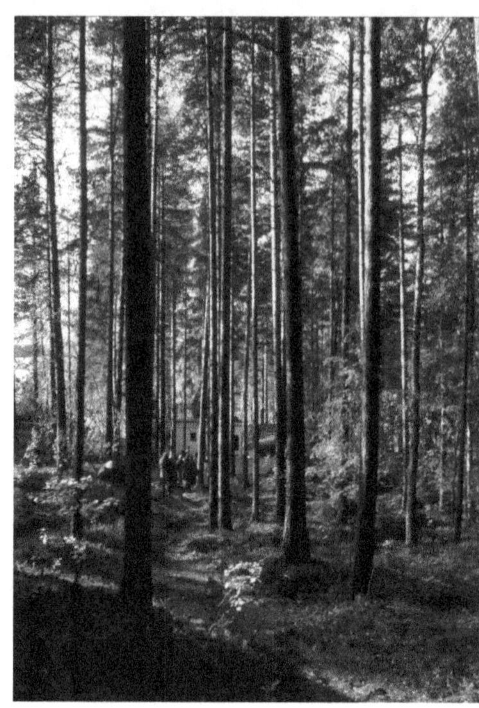

(2)
Muuratsalo

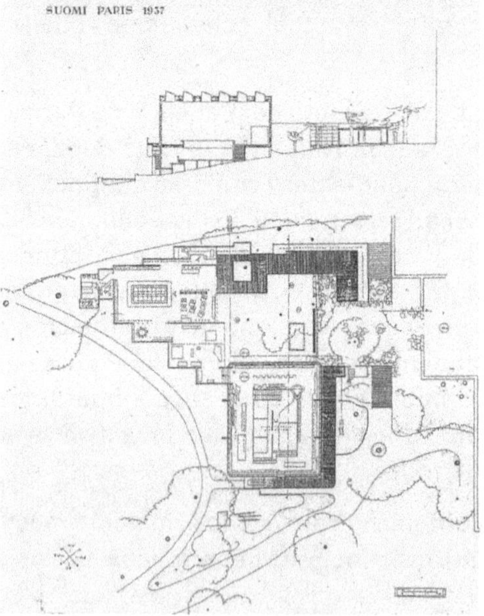

(3)
Proyecto del Pabellón
de Finlandia de
París. Exposición
Universal de 1937
Alvar Aalto

principal constituía el nivel de acceso, en la parte superior de la pendiente y la inferior concebida como un pozo rehundido. Su cubierta era plana con una serie de lucernarios circulares, como los utilizados en Viipuri,[4] de hecho la concepción espacial de esta sala era deudora del proyecto de la Biblioteca. Además del cuerpo principal descrito, el edificio estaba constituido por una serie de pequeños pabellones que, con una geometría libre, ocupaban la parcela aprovechando los espacios libres dejados por los árboles. El resultado era un edificio que se extendía como una alfombra por el suelo, como un tatami japonés, eso sí, con un suelo en pendiente que exige su adecuación a la ladera.

En su conjunto el Pabellón refleja esa idea de nueva topografía vinculada al lugar al que pertenece y que se adapta a la pendiente del terreno a través del trabajo con la sección. Distintos niveles se suceden en varias plataformas sobre el talud natural, desde el punto más alto, donde se encuentra la entrada, descendiendo hasta la salida, en el paseo que conduce hacia el río Sena. De alguna manera podemos intuir que las plataformas interiores del Pabellón llegan a convertirse en el propio terreno y determinan una nueva topografía que surge de la preexistente.

Esta idea se expresa con mayor rotundidad en la segunda solución que Aalto presentó al concurso convocado para la construcción del Pabellón, se trata de la propuesta *"Tsi Tsi Pum"*.[5] En cierta medida su planta puede parecer semejante a la solución construida, sin embargo entre ambas soluciones hay diferencias importantes. Una de ellas

---

4. Los lucernarios, semejantes a los de Viipuri, tenían una curiosa protección exterior de chapa que impedía la entrada de los rayos solares provenientes del sur, y además se inclinaban ligeramente en dirección norte. Su forma pretendía producir en el interior una luz semejante a la finlandesa.

5. Con motivo de la celebración de la Exposición Universal de París de 1937, se convocó un concurso para la construcción del pabellón que representaría a Finlandia. Aalto presentó dos propuestas, obteniendo el primer y segundo premio con ellas. La primera solución, presentada bajo el lema de "Le bois est en marche", sería la que se construiría. El segundo premio lo consiguió con la propuesta "Tsit Tsit Pum", onomatopeya del sonido que se realiza con el tambor, en referencia a la idea de marcha que también recogía el lema del primer premio. Cfr. José Mª Jové. *Alvar Aalto, proyectar con la naturaleza*. UVA. Valladolid. 2003. ps. 144 y ss.

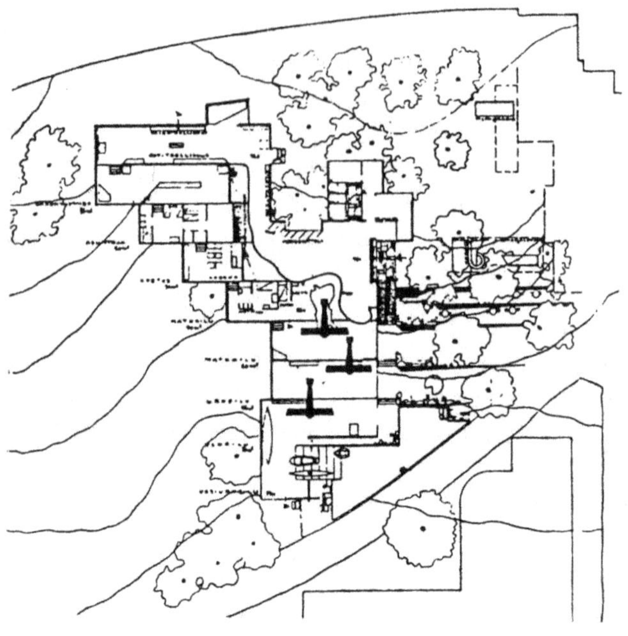

(4) y (5)
Propuesta "Tsi Tsi Pum" para el Pabellón de Finlandia en la
Exposición Universal de París de 1937
Alvar Aalto 1936

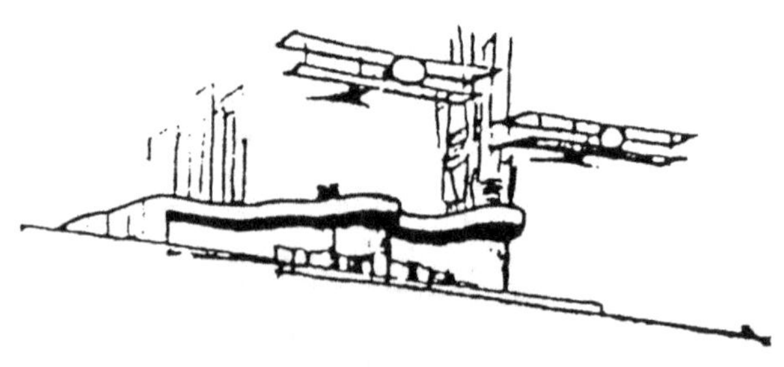

es fundamental, mientras que aquél se organizaba según la adición de varias piezas subordinadas al volumen principal, en este caso se trataba de un solo cuerpo rematado con una gran cubierta horizontal, perforada por lucernarios, construyendo un plano continuo bajo el cual el suelo interior se va amoldando a la topografía del terreno. Con este mecanismo se desarrollaba un Pabellón constituido por un único espacio, fragmentado en pequeñas terrazas que van descendiendo desde la parte alta, donde se encuentra la entrada principal, como se refleja en la sección longitudinal.

El plano horizontal pone en evidencia, por contraste, el desnivel que se produce en el interior del Pabellón, y propone como cuestión sustantiva el valor que adquiere el tratamiento del suelo a lo largo del talud. El suelo plano convencional se sustituye por una sucesión de niveles que se amolda al terreno natural, o que trata, en realidad, de construir un nuevo perfil del terreno, reinterpretación del original. La planta del proyecto, además de dibujar la traza del pabellón nos muestra representada, a través de las líneas de nivel, la pendiente del terreno en el que se asienta el edificio. Si observamos atentamente este dibujo, vemos que las curvas del terreno exterior, cuando llegan al edificio, se transforman en rectas que continúan en su interior. Cada una de esas líneas curvas, que representan en el papel lo natural, constituye una de las terrazas en que se estructura el pabellón, en cierta medida se solidifican y se transforman en plataformas construidas, en definitiva, la pendiente se *arquitecturiza* dentro del pabellón.

Indudablemente Aalto nos va conduciendo hacia una lectura determinada del proyecto, se trata de un espacio cerrado que quiere ser un exterior. En este sentido es concluyente la perspectiva que presenta al concurso, desde un farallón dos espectadores observan dos aviones suspendidos en el aire, sobre la falda de una colina, ladera que quiere ser exterior. En la planta un gesto determina el contrapunto con la geometría preestablecida, una línea sinuosa y serpenteante define la cima de esta colina metafórica; desde este lugar, a modo de balcón en el punto más alto, se obtiene una visión completa del paisaje, del Pabellón. Bajo los espectadores se desarrolla todo el sistema de terrazas conectadas donde se ubicarían los motivos de la exhibición. Es evidente que Aalto quiere enfatizar la evocación del espacio exterior, y dibuja dos biplanos de madera suspendidos del techo

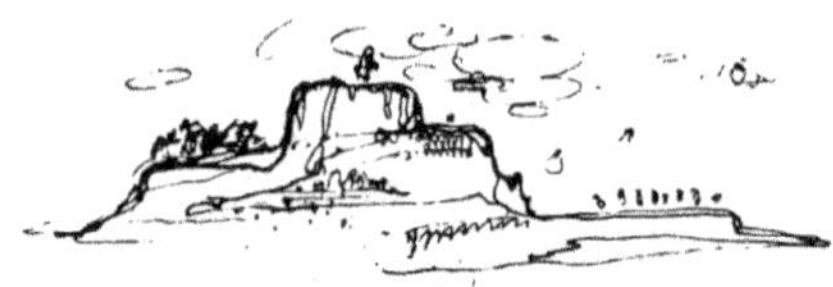

(6)
Montaña iluminada por muchos soles.
Alvar Aalto

(8)
Biblioteca de Viipuri
1935
Alvar Aalto

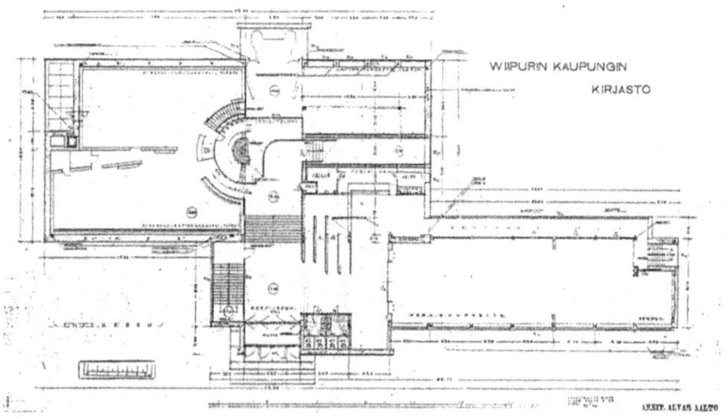

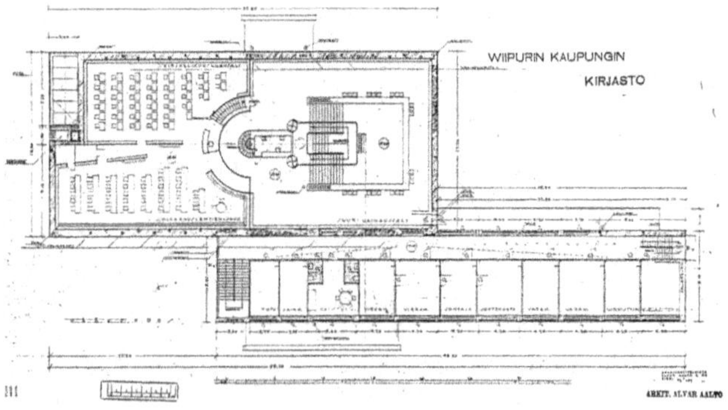

*"para crear la ilusión de que simplemente habían despegado de la plata-
forma superior".*[6]

Retrocedamos unos años atrás, al proyecto para la biblioteca de Viipuri, terminada en 1935, y tomemos el conocido croquis de *la montaña
iluminada por muchos soles*, podremos observar que en el pequeño
dibujo, casi infantil, el arquitecto traza una montaña por la que ascien-
den unos pequeños personajes hasta su cima. Una comparación entre
la sección del proyecto y el boceto, permite reconocer con facilidad
el parecido entre la silueta del monte y la sección del edificio, ambas
coinciden casi exactamente. Se distinguen los distintos niveles que
constituyen la biblioteca; desde la base, formada por los archivos,
hasta las plataformas intermedias, donde están las salas de lectura, y
finalmente la cumbre, coincidiendo con el control.

Un análisis confirmado por el mismo Aalto, cuando escribe:

*"El sistema arquitectónico de la biblioteca se compone de varias áreas
de lectura y entrega, escalonadas en diferentes niveles, y en la cumbre
se encuentran el centro administrativo y de supervisión. Los dibujos
infantiles sólo estaban vinculados indirectamente con el pensamiento
arquitectónico, pero en todo caso conducían a un entrelazamiento de la
sección y de la planta y a cierta unidad entre la construcción horizontal
y la vertical."*[7]

Por tanto la sección es instrumento arquitectónico e instrumento de
transferencia entre idea y proyecto. Queda clara la idea de terreno y
de topografía, cuando comprobamos −en un corte longitudinal del
edificio−, la relación evidente entre las laderas de promontorio y los
distintos niveles en los que se estructuran las salas de lectura de la
biblioteca, iluminada por los lucernarios circulares. Y todo ello, porqué
no, nos aproxima a la componente metafórica, que es el sustento de
este discurso.

---

6. Según descripción de Pearson, en *Alvar Aalto and the International Style.* Whittney
Library of Design. Nueva York y Londres. 1982. p. 161.
7. Alvar Aalto. "La trucha y el torrente de montaña". Cit. en *Arquitectura* n° 291, Madrid,
marzo 1992. p. 23.

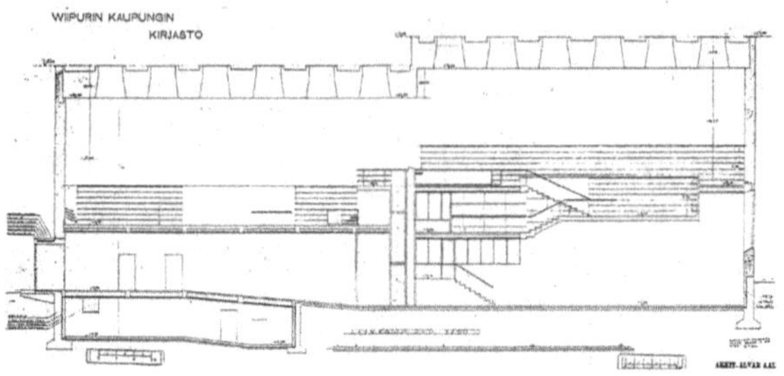

(7) y (9)
Biblioteca de Viipuri 1935
Alvar Aalto

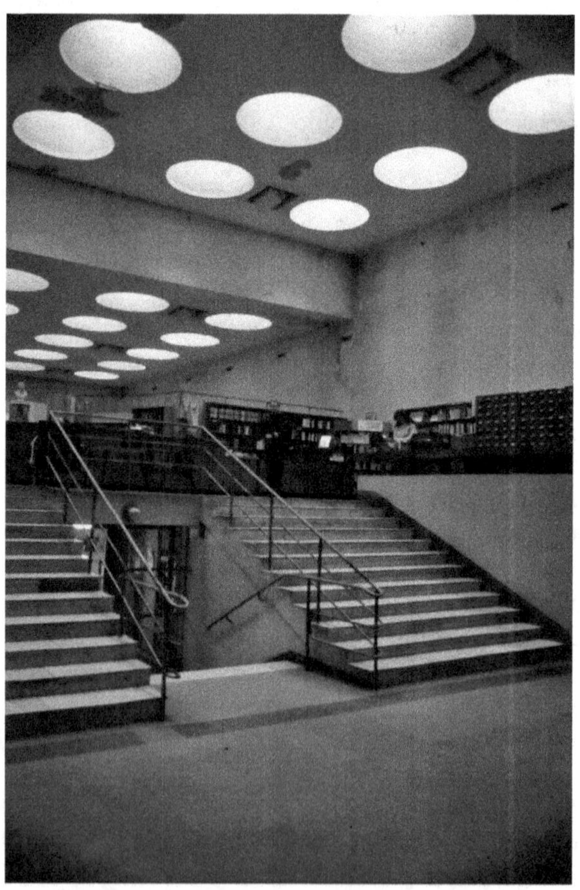

Viipuri nos permite continuar nuestro discurrir hacia el siguiente tema,
el recorrido, para ello se requiere analizar con detenimiento sus plantas. Dos rectángulos alargados adosados, sin articulación geométrica,
se enlazan, en la planta baja, mediante el trayecto que se realiza desde
la entrada, iluminada a través de la doble cristalera de la izquierda,
mediante una escalera ascendente que nos introduce en el segundo
rectángulo, y que nos obliga a continuar el camino; a girar hacia nuestra izquierda, para seguir ascendiendo, y emerger en una plataforma
intermedia, aparentemente en el centro del espacio, desde donde con-
tinuamos, con un nuevo giro de ciento ochenta grados, hasta llegar
a la cumbre, donde se encuentra el control del bibliotecario, y desde
aquí se puede observar, ahora sí, el espacio completo que contiene el
enigmático volumen de la biblioteca.

Toda una secuencia espacial llena de sensaciones, subir, comprimir el
espacio, girar, expandir el espacio, encontrar la luz, y al final dominar
todo el lugar, desde el punto más alto. Los problemas, aparentes, de
la planta –unir dos bloques paralelos– se han resuelto gracias al recorrido; la articulación entre ambas partes del proyecto no se produce
mediante mecanismos de composición sino con instrumentos que
requieren del entendimiento de la complejidad del espacio que se ha
proyectado.

Un procedimiento semejante se produce en el Pabellón de París, en
este caso la idea de recorrido es inherente al propio edificio-pabellón
de exposiciones que tiene que mostrar una determinada imagen de
Finlandia a los numerosos visitantes que lo transiten. Además la concepción del edificio y sus contenidos estaban unidos de manera indi-
soluble. El mismo Aalto llegaría a decir que:

*"constituiría una demostración coherente de una cultura, con los aspec-
tos materiales y espirituales unidos de forma consciente para constituir
una imagen sencilla. Esto no es una feria comercial ordinaria... es una
estructura sinfónica".* [8]

---

8. Kerstin Smeds. "The image of Finland at the world exhibitions". en Catálogo *The Finland Pavillons at the Universal Expositions 1900-1992*. Kustannus Oy City. 1993. p. 61. Cfr.
Weston. en *Alvar Aalto*. Phaidon Press Limited. Londres. 1995. p. 110. nota 45.

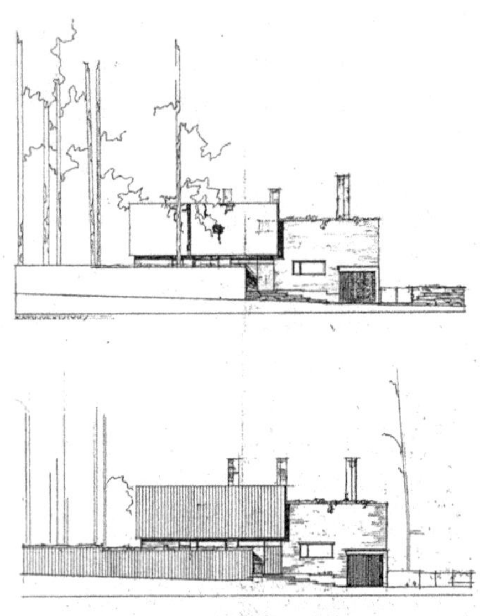

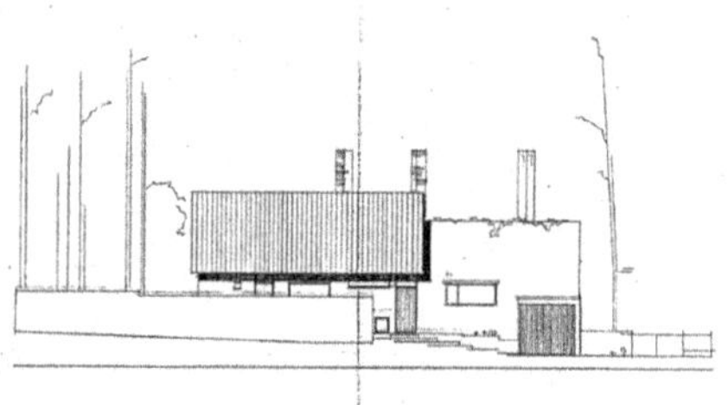

(10)
Vivienda en Munkiniemi, Helsinki 1936
Alvar Aalto

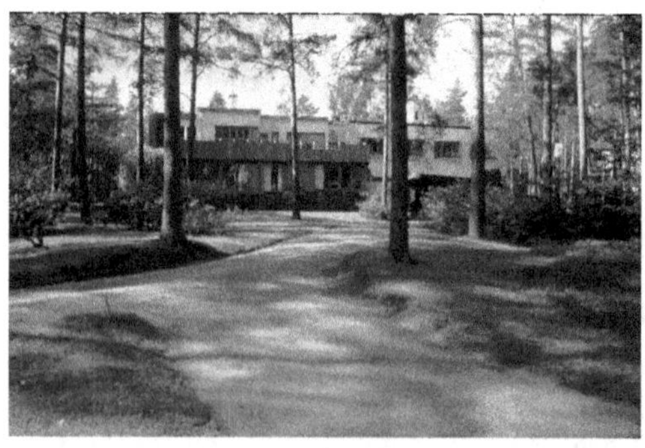

(11)
Villa Mairea 1939 Alvar Aalto

Hojear las fotografías de la época nos puede aproximar a las experiencias que podrían captar los parisinos de aquel tiempo. El camino trazado a través de los distintos volúmenes que componen el conjunto nos conduce desde lo natural a lo artificial mediante sistemas de reinterpretación, e incluso abstracción, gracias a la utilización de los elementos del bosque; troncos de árboles reales dispuestos como columnas en el atrio de entrada, transfigurados en mamparas expositivas, o representados mediante listones en el patio central por los que trepan enredaderas, van acompañando al visitante en la secuencia de salas, proponiendo la imagen prevista de Finlandia. En el lugar más intenso del edificio, la sala principal, se produce el descenso por la ladera, iluminada por muchos soles, que nos conduce desde la sala principal al exterior.

Esta idea de recorrido, *promenade* diría Le Corbusier, sustancial para Aalto, se produce en diversas escalas, incluso de tamaño menudo. Ocurre, por ejemplo, en su casa de Munkiniemi, construida entre 1934 y 1936, y le permite resolver el problema de enfrentar la puerta, de proporción doméstica, con el enigmático volumen que ofrece la vivienda hacia la calle. Lo soluciona con una pequeña escalera de piedra, casi natural, que obliga a girar ligeramente para salvar la vegetación que crece junto a ella, transformando el ámbito de relación, general, desde la calle, en particular, y concreto, del que se aproxima a la entrada de la casa.

Pero el motivo de traer ahora su casa-estudio es porque aquí nos propone un nuevo tema. Fijémonos en los tres estudios de la fachada principal —el proyecto ya estaba definido y se trataba de decidir su materialidad—, un alzado bastante *seco*, prácticamente sin huecos, que alude a la composición de la planta. La comparación entre las distintas propuestas de alzado nos permite apreciar la evolución de la solución, en la primera un rectángulo blanco sobresale respecto de un plano de ladrillo —con la duda respecto de una ventana—, se dibujan los pinos que allí se encuentran y su sombra que se proyecta sobre el paramento blanco; mientras que en el siguiente dibujo el paramento blanco se ha transformado en una superficie constituida por líneas verticales, así como la valla que delimita la parcela, mientras que los esbeltos pinos se han esencializado mediante rectas que los representan. En el último de los dibujos, que corresponde a la solución construida, solamente aparece rayado el rectángulo de la planta primera, un rayado vertical de líneas paralelas y equidistantes que representa un revestimiento de listones de madera. Esta no es una cuestión baladí, pues en estos dibujos se puede comprender que el paramento de tarima de madera se propone como representación abstracta de los árboles, aquéllos que arrojaban su sombra sobre el rectángulo blanco. Cuando observamos el detalle se puede apreciar que el estudio del machihembrado de las piezas de madera pretende poner énfasis en el sentido vertical de este material, semejante al de los árboles de los que se extrae, según su característica geométrica, la verticalidad.

El recubrimiento de la fachada como representación del bosque también fue utilizado en el Pabellón de París, en este caso la construcción del paramento es más compleja, como se deduce del detalle conocido, y la imagen ranurada del volumen resulta más potente, pues acentúa el juego de sombras y en consecuencia la verticalidad las piezas de madera, y nos permite comprender aún más su componente metafórica alusiva al bosque, en definitiva a una imagen característica del país que representa el edificio, a Finlandia.

Todas las características que reconocemos como la geometría propia del bosque se encuentran sintetizadas en Villa Mairea. Una casa construida dentro del bosque para la familia Gullischen entre 1937 y 1939. Su volumen blanco se reconoce entre los pinos que la rodean, y a medida que nos acercamos se empieza a percibir la complejidad del proyecto. La casa responde a un esquema en "L", como es bien conocido, con una gran sala en el ala sur de forma casi cuadrada, mientras que el ala norte se prolonga alargándose con un porche hasta delimitar el jardín. En la planta baja se concentran los espacios de carácter más público y de servicios, mientras que en la planta alta se encuentran los dormitorios.

Cada una de las alas de la casa se resuelve con distintos sistemas estructurales, así el ala norte consiste en un sistema de muros de carga, compuesta de dos rectángulos que deslizan entre sí. Mientras que en el ala sur utiliza un sistema liviano de pilares que se organiza mediante una retícula con una disposición particular. Consiste en una malla en la que no se repite la distancia entre sus ejes, ni en las horizontales ni en las verticales, como resultado no se obtiene una sucesión de cuadrados iguales, sino una serie de rectángulos todos diferentes. El origen de la malla no es aritmético o geométrico, sino que responde a una ley no codificada, cuyas dimensiones se ajustan a las

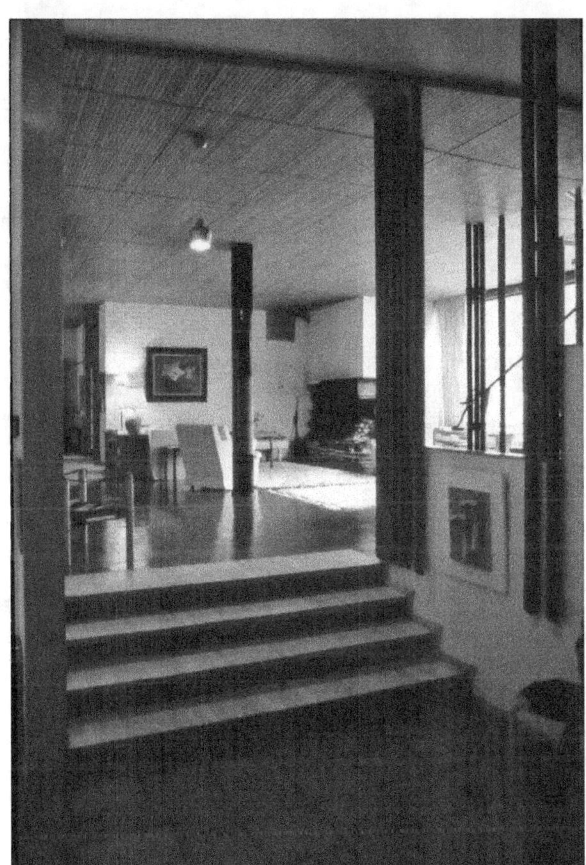

(12), (13) y (14)
Villa Mairea 1939
Alvar Aalto

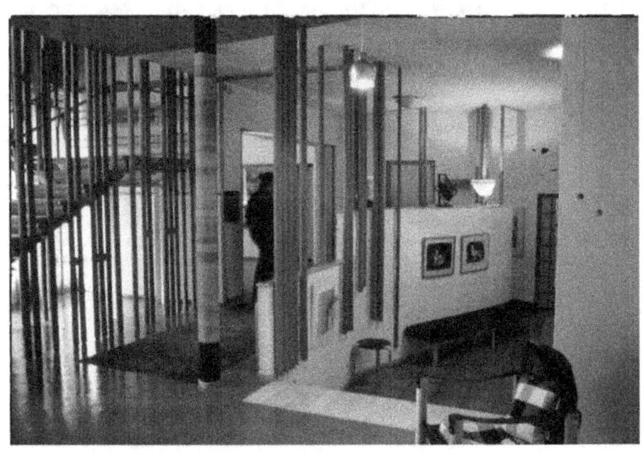

necesidades espaciales, evitando lo que Aalto denominaba los ritmos *arquitectónicos artificiales*.[9]

Las alteraciones en el sistema estructural *ortodoxo* encuentran su sentido cuando entendemos la concepción espacial de la casa, aquí Aalto está recurriendo, nuevamente, a la interpretación del ambiente natural, para ello la concepción libre y puntual de la estructura resulta indispensable. Los pilares son tratados con gran variedad de formas y materiales, y se agrupan también de diferentes maneras, unas veces aparecen individualizados, y otras pareados o en grupos más numerosos. En definitiva como en la naturaleza, pues en ella los elementos nunca son exactamente iguales, ni se agrupan de la misma manera, los árboles, aunque sean de la misma especie, siempre son distintos entre sí, y ello a pesar de tener las mismas características; y el bosque está formado por diferentes especies. Por tanto podríamos decir que esta estructura responde a un ritmo arquitectónico natural. Además de los pilares propiamente estructurales surgen otros más delgados, listones o finas estacas de madera, asociados a la escalera o a la zona del vestíbulo, que vienen a complejizar el ritmo establecido, de manera que parezca aún más aleatorio, o más natural.

Con estas decisiones el espacio se desprende del orden geométrico habitual, pasando a estructurarse mediante el recorrido y la percepción. El recorrido, aunque controlado, parece aleatorio –como el que se produce entre los árboles– y el suelo entra en juego, con su condición cambiante, que alude al relieve. El trayecto se inicia en el exterior de la villa, atraviesa la marquesina de entrada, construida como tránsito entre el bosque natural y el *bosque arquitectónico*. Una vez dentro de la casa se nos plantea la disyuntiva de tomar distintos *senderos*, como en la espesura, el camino no es único sino que existen varias alternativas. Es posible ir desde el vestíbulo al comedor o al salón, y desde éste podemos tomar la escalera, o continuar hasta el fondo, o

9. Alvar Aalto, indica en la memoria: "En esta construcción nos hemos esforzado por evitar un ritmo arquitectónico artificial". Villa Mairea: Arkkitehtonien seloustus, en *Arkkitehti*, nº 9, 1939. ps. 134-137. Y como indica Pallasmaa: "por artificial, parece querer indicar toda lógica lineal y tectónica aplicada de manera mecánica". Leer su artículo "De lo tectónico a lo pictórico en la arquitectura", en Catálogo *En Contacto con Alvar Aalto*. Museo Alvar Aalto. Jyväskilä. 1993. p. 49.

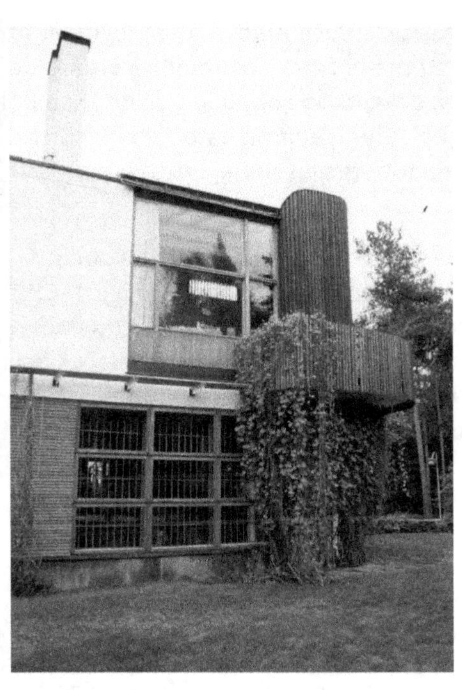

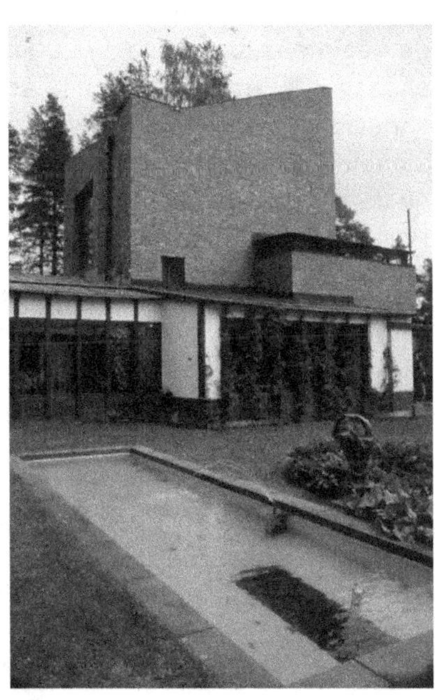

(15)
Ayuntamiento de Säynatsälo, 1952
Alvar Aalto

salir al patio, al claro en el bosque. Esta interpretación del movimiento, se ve reforzada por el desnivel existente entre el vestíbulo y el resto de la casa, unos escalones que ponen en valor la condición orográfica del suelo, cuatro peldaños, que hay que subir, separan estos dos ámbitos. El cambio de cota permite crear una topografía semejante a la natural, donde el suelo nunca es plano.

Sobre este *suelo* se asientan los *pilares-árboles*, el espacio se comprime y se expande, distintos planos profundizan el espacio, y la luz, y el paisaje exterior, se percibe a través de ellos. Encontramos que por un lado surgen, como un pequeño bosquecillo, numerosos pilares de madera asociados a la escalera, y el espacio se va abriendo hacia la derecha donde está el patio, ayudado por la luz que surge desde ese lado. Por el lado izquierdo apreciamos cómo también nos captura la luz proveniente de los grandes ventanales de las fachadas sur y oeste, y que tiene como fondo los pinos del bosque verdadero, mientras que en el centro de la sala resulta todo ello rematado por la chimenea, que con su aspecto rocoso, cierra esta parte del paisaje.

Al recorrido, a la luz, se viene a unir el techo, un plano continuo formado por tablillas de madera –a través del que se consigue la ventilación del recinto–, como en el bosque, formando una cubierta leñosa sobre el paseante. Aalto utiliza el falso techo para obtener la unidad del espacio en el que se desarrolla este bosque metafórico, un recurso semejante al que había manejado en Viipuri mediante la repetición de los lucernarios circulares, o como en la propuesta del Pabellón de París para poner en evidencia el desnivel de la planta.

Si salimos comprobamos que la casa se extiende abrazando el patio, mediante un porche que se despega de ella, y que se remata en una sauna, el lugar está delimitado por nuevos árboles, muretes de piedra y túmulos de tierra, y en segundo plano el bosque. Al volver la vista hacia la villa observamos cómo su imagen se disuelve en la frondosidad. Premeditadamente su fachada se fractura, solo un plano blanco, de ladrillo encalado, que parece levitar sobre la carpintería de madera, y hacia la esquina se convierte en un paramento recubierto de tarima y listones de madera que funden la imagen de la casa con los pinos que la rodean. Como en su vivienda-estudio de Helsinki, hay una relación entre la textura del paramento, y el sistema espacial y estructural, muros de ladrillo encalados y revestimientos de madera. Pero podemos entrever una intención más sutil, la madera de teca le proporciona el marco al bosque metáforico que está recreando en el interior de la vivienda.

Podríamos detener aquí nuestra reflexión, pero podría parecer que el recurso del bosque y su geometría no tuviera mayores consecuencias en el trabajo de Aalto, sin embargo estará presente siempre a lo largo de su obra. En este sentido podemos aproximarnos al Ayuntamiento de Säynätsälo. Este edificio construido diez años después de los proyectos analizados anteriormente, entre 1948-52, se encuentra en una pequeña población cercana a Jyväskilä, y contiene el programa administrativo y representativo requerido para las oficinas municipales; se complementa con tiendas, apartamentos, y una biblioteca, formando un conjunto agrupado en torno a un patio. El estudio de los croquis previos demuestra como transformó las primeras soluciones, basadas en un bloque lineal con la sala cuadrada adosada. Poco a poco aquel bloque se fue doblando, hasta configurar la solución final. Su planta de tres crujías se transformó en un edificio alrededor de un patio, de una crujía y un corredor abierto al espacio central. Aalto concedió un valor extraordinario a este espacio, como manifiesta en la memoria del proyecto:

> *"usé el patio como motivo principal del proyecto porque de alguna manera misteriosa pone de relieve el instinto social. En edificios de gobierno y en ayuntamientos, el patio siempre ha sido un espacio primordial desde los días de la Creta antigua, de Grecia y de Roma hasta el medioevo y el Renacimiento".* [10]

Con este planteamiento se resuelve el edificio. Un corredor abierto al patio organiza el interior, con sus estancias volcadas al exterior. Así, el patio, se convierte en el mundo particular del ayuntamiento, donde construye un pequeño jardín con un estanque, consiguiendo un ambiente apacible y casi doméstico. Contribuye a ello la elección de la sección, una cubierta de un solo agua, que asciende hacia el perímetro exterior. Este lugar se encuentra en la cima de *la colina*. Pero en

---

10. Texto original de Alvar Aalto recogido y traducido en, G. Schildt. *Alvar Aalto, Obra Completa*. Op. cit., p. 130.

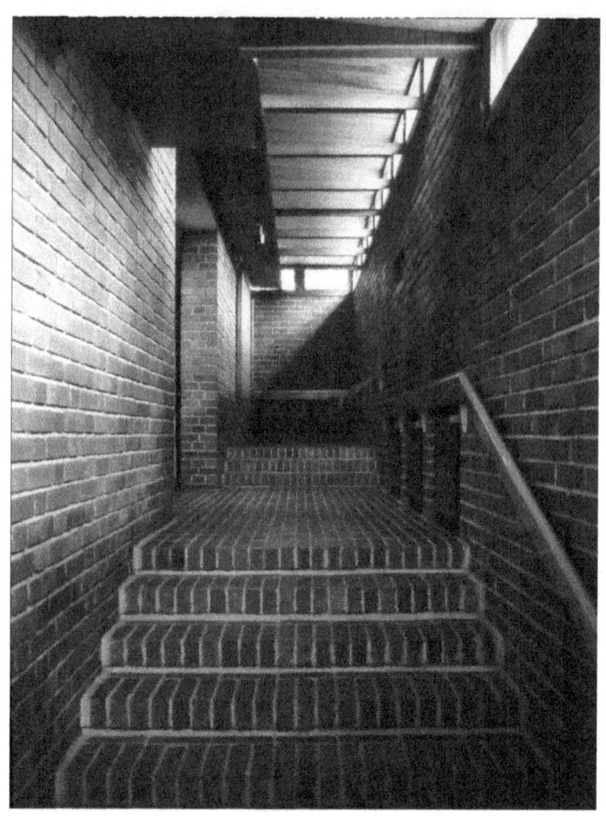

(16) y (17)
Ayuntamiento de Säynatsälo, 1952
Alvar Aalto

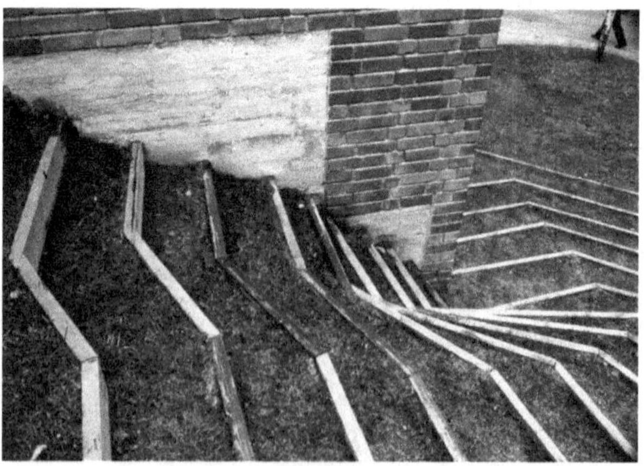

realidad el edificio se encuentra a media pendiente de una ladera, y sabemos que la topografía fue manipulada, puesto que la tierra que se extrajo de la excavación se utilizó para rellenar el patio, completando la colina sobre la que parece asentarse. La referencia a lo italiano y la composición como acrópolis del conjunto, desde nuestra perspectiva, se sitúan en segundo plano por la presencia del bosque y de su geometría.

El Ayuntamiento se presenta con una imagen contradictoria, en puridad, carece de fachada. El edificio no se reconoce en una visión frontal, incluso el sistema de acceso, en diagonal, fuerza la percepción sesgada. Su apariencia exterior se reduce a grandes masas de ladrillo sin huecos que permitan establecer relaciones de escala, salvo en la zona posterior, donde el programa, a este respecto, es más exigente. Ello es debido a la utilización a su favor de los instrumentos de proyecto, pues ordena el programa de manera que le permita ubicar, hacia la parte delantera, espacios que no requieren de iluminación o ventanas convencionales, y en consecuencia puede manipular las fachadas a su conveniencia. Su carácter significativo se reduce a la imponente masa del salón de plenos que aparece en segundo término. Una monumentalidad basada en el tamaño y en la fuerza de su silueta, no en una composición en términos ortodoxos. Los alzados son grandes planos de ladrillo, casi sin huecos, solo unas estrechas ventanas horizontales, que iluminan el pasillo y la escalera de acceso a la sala, deforman la percepción del tamaño real de este volumen, transforman la escala de la torre, haciéndola más dramática. Además el perfil de la torre se adelgaza a partir de estas ventanas, desfigurando aún más su verdadera dimensión, acentuando su esbeltez. Todo apunta a una imagen de torre, sin embargo Aalto lo desmiente,

> *"... la torre no es en absoluto una torre sino una masa bajo la que se encuentra el símbolo principal del gobierno, la cámara del consejo."*[11]

---

11. Según original de Aalto para un periódico estudiantil, escrito en 1956, que viene a plantearuna visión novedosa respecto de las opiniones que buscan los referentes de Säynätsalo solamente en la torres de San Gimignano. El texto de Aalto lo recogió Schildt en *The Mature Years*. Rizzoli. Nueva York 1991. ps. 157 y 8.

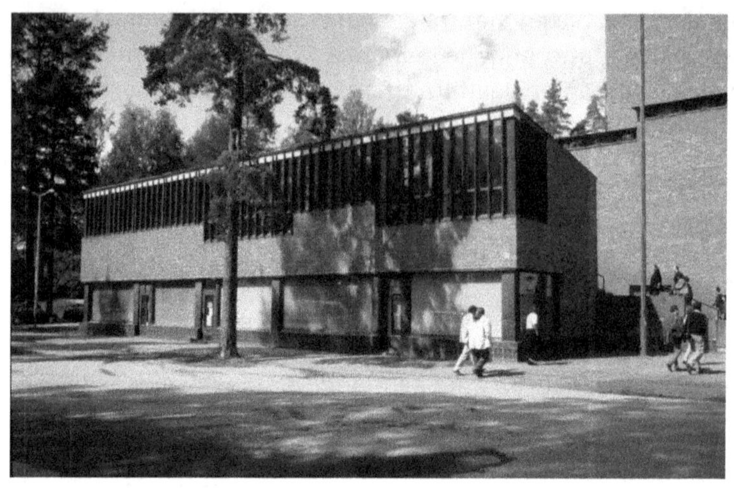

(18) y (19)
Ayuntamiento de Säynatsälo, 1952
Alvar Aalto

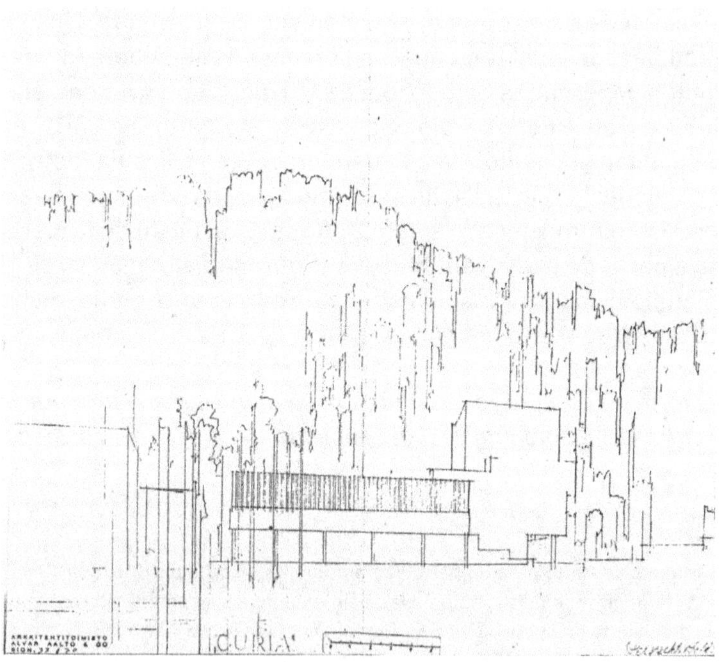

La torre, que no es una torre, se convierte en el elemento significativo del conjunto, su silueta.[12] Hábilmente controla cada uno de sus lados, o alzados, de manera quela vista principal y las laterales tengan una apariencia completamente diferente. Desde la contundencia de la fachada hacia la escalera de entrada, donde se muestra con toda su verticalidad, a la visión más doméstica desde el patio, con su perfil articulado por el plano inclinado de la cubierta, o el frente trasero con su monumentalidad más ortodoxa, conseguida gracias al gran hueco que ilumina la sala. Más sorprendente resulta la respuesta del cuarto alzado, el que se proyecta hacia el bosque, que está resuelto en forma escalonada, con un perfil quebrado ascendente, de una manera que nos recuerda a la sección interior del Pabellón de Nueva York.

El recorrido exterior e interior, como el sendero, así como el conjunto de percepciones y sensaciones vinculadas a él, constituyen el motivo fundamental del proyecto. Resulta determinante la utilización del ladrillo rojizo, el mismo material que en el exterior, que le permite la construcción de paredes y suelos, sin distinción, especialmente en el interior del cuerpo de la sala del concejo. La escalera que asciende hasta la sala también utiliza este material, sus peldaños son del mismo ladrillo, y su trazado es sorprendente. El visitante debe de realizar un movimiento en espiral doble, iniciado en el espacio triangular frente al Ayuntamiento, la escalera que nos lleva hasta el patio surge transversalmente al trayecto, obligando a este movimiento helicoidal. Se detiene el movimiento al llegar al patio, bajo una liviana marquesina que determina la entrada a la biblioteca o al edificio municipal. Desde aquí penetramos en el vestíbulo donde debemos girar, nuevamente ciento ochenta grados, para tomar la escalera interior que gira en sentido contrario mientras ascendemos alrededor de la torre, y continúa por la galería dejándonos, finalmente, en la zona para espectadores, ligeramente elevada respecto del salón de sesiones.

---

12. Andres Duany, en su artículo "Principios arquitectónicos en la obra de Alvar Aalto" analiza, entre otros aspectos, la generación de la forma de Aalto mediante el contorno y las cuestiones perceptivas, donde indica: "El método compositivo de Aalto se basa en la premisa de que el contorno da indicación decisiva para la percepción de la forma tridimensional". p. 98.

Dentro de la escalera el movimiento ascendente está apoyado por la iluminación que proporcionan las ventanas altas, matizada por la presencia de diferentes elementos de madera, que se suceden en el techo. Cuando se llega a la sala del concejo uno espera encontrarla inundada de luz, sin embargo esto no es así, sino todo lo contrario, la penumbra envuelve este espacio, haciendo casi imperceptibles sus contornos, incluso las elaboradas cerchas que sustentan la cubierta prácticamente casi no se distinguen. La principal fuente de luz natural de este lugar es el gran ventanal que asoma a la fachada trasera, pero está cubierto con una celosía de madera que impide la entrada de la luz directa; solo destaca un foco luminoso, el que está iluminando la hornacina para el cuadro de Léger. Unas lámparas de chapa colgadas del techo, que apenas proporcionan el nivel lumínico necesario para leer, ayudan a lograr ese ambiente de penumbra que envuelve la sala, confiriéndole un aire de gran solemnidad, parecido al que se puede encontrar en la parte más profunda del bosque.

Al regresar al exterior la luz vuelve a inundarlo todo, el patio nos atrapa, sin pavimentar, natural, cubierto por un manto verde –como un trozo de naturaleza original atrapada por el edificio–, y donde reconocemos la nueva topografía sobre la que se ha construido la colina, gracias a la escalinata *natural*, por donde la vegetación que lo circunda se nos hace patente. Para Aalto esta escalera es un instrumento de la geometría del bosque, cada uno de sus escalones responde a unas imaginarias líneas de nivel que aluden a la propia representación de la pendiente, y que viene a manifestar el artificio de la colina sobre la que se asienta el edificio. Una escalera que no está pensada para ser utilizada, pues su pendiente la hace inaccesible, enfrentada a la entrada principal con su escalinata de granito, evoca, más bien, el hueco por el que el patio se asoma al bosque. En definitiva resuelve el tránsito entre el paisaje artificial, o construido, con el natural que rodea al edificio.

Mientras nos alejamos del ayuntamiento comprobamos cómo se funde con el bosque de manera premeditada, como nos muestra la perspectiva presentada al concurso, los listones de madera que corren por la fachada principal desmaterializan el volumen y funden su imagen en la verticalidad de los pinos que forman esta parte del bosque. La fachada de la biblioteca se resuelve mediante una gran cristalera facetada por numerosos montantes verticales de madera que, a modo de lamas verticales, disuelven el cuerpo superior de este edificio en el paisaje circundante. Este aspecto se expresa con palmaria claridad en la perspectiva que presenta al concurso, donde las líneas de los árboles y las de la cristalera se funden en la imagen del bosque. Una solución semejante a la conseguida con los recubrimientos de tarima de madera de proyectos anteriores.

Los aspectos relacionados con el recorrido y las sensaciones que se producen a lo largo de éste, así como el significado que adquiere el suelo –mediante el trabajo con la sección–, y el valor que proporciona la iluminación, con la estudiada presencia de las sombras, le confieren al Ayuntamiento de Säynatsälo un carácter sustancial para entenderlo como un ejercicio más del trabajo de Alvar Aalto con las propiedades del bosque.

F

EL PROYECTO PARA
LA BIBLIOTECA DE ESTOCOLMO

José Manuel Lopez-Peláez

Con frecuencia se ha intentado clasificar por estilos la obra de Erik Gunnar Asplund tratando de dar sentido a la variedad formal con que realizaba sus proyectos, sin embargo el arquitecto nunca habló de ello y no ofreció claves concretas a aquéllos que pretendieron descifrar los motivos de esta diversidad. Lo cierto es que Asplund tampoco dio importancia a esa cuestión, ni siquiera la menciona en los distintos escritos que acompañan a la publicación de sus propuestas, difundidas sobre todo a través de la revista oficial de los arquitectos suecos.

Cuando en el año 1928 publicó en *Arkitektur Byggmästaren* el texto titulado "Algunos datos sobre la construcción de la Biblioteca" comenzaba refiriéndose a determinadas circunstancias objetivas de su desarrollo. Escribió Asplund:

> *"La Biblioteca Pública comenzó a edificarse durante el otoño de 1924 y se terminó, en lo que concierne al edificio, durante el otoño de 1927. Sin embargo estará aparentemente incompleta hasta que se realicen las tiendas y los edificios previstos a lo largo de la avenida Odengatan, así como el parque de Sveavägen alrededor de la Colina del Observatorio, que forman parte del entorno del edificio".* [1]

La construcción de la Biblioteca se completó en un plazo relativamente corto, tres años, aunque el momento de preparación de este trabajo y del proyecto mismo habían comenzado a gestionarse en 1918, seis años antes de que la obra se iniciara. De hecho el Consejo Municipal de Estocolmo organizó en 1910 un "Comité para la Biblioteca Pública", al que Asplund se unió en 1918. Este organismo debía estudiarlas necesidades del programa y preparar el pliego de un concurso. En febrero de se expusieron públicamente las primeras ideas sobre la ordenación del entorno para el edificio; un lugar que había sido cedido por la ciudad de Estocolmo, tangente a Sveavägen, una de sus arterias principales en su extensión hacia el norte.

En agosto de 1920 Asplund viajó a América junto al Director de la Biblioteca, Fredrink Hjelmqvist, con objeto de visitar las instalaciones de diversas bibliotecas públicas. Estados Unidos había desarrollado en aquel momento diversas instalaciones de este tipo lo que les permitía

---

1. Erik Gunnar Asplund. Escritos 1906-1940. Cuaderno de viaje 1913. Biblioteca de Arquitectura nº 10. El Croquis Editorial. Madrid. 2002.

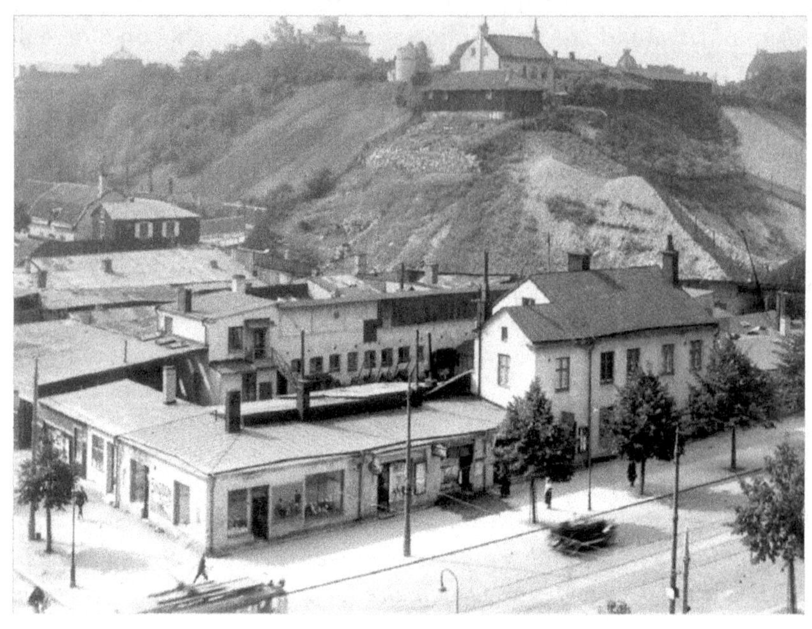

(1)
El lugar en 1924

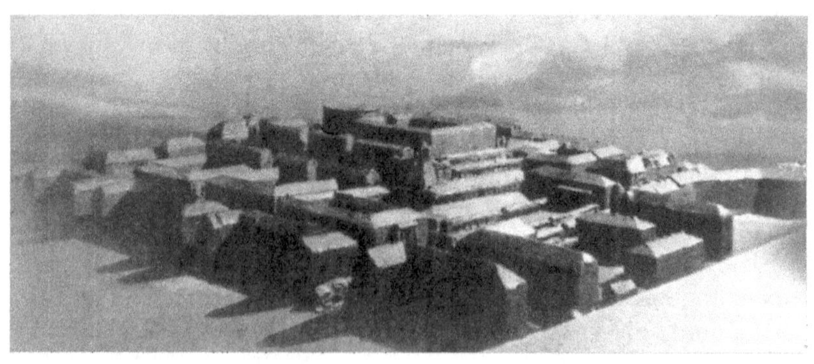

(2)
Maqueta previa

tomar contacto con un programa bien experimentado, que en Suecia
era aún poco conocido.

A su regreso de este viaje Asplund presentó al Comité un estudio minu-
cioso del tema, que abarcaba desde el equipamiento a los tipos y procedimientos para realizar el proyecto, y en vista de la experiencia que
había adquirido durante todo este tiempo, tanto en lo referente al lugar
como al tema estudiado, el Comité decidió no convocar el concurso
(que era la práctica habitual para la construcción de edificios públicos)
y encargar directamente el proyecto a Asplund.

Parece ser que en los primeros croquis para la Biblioteca Pública se
había tenido en cuenta la propuesta de Albert Kahn para la Universidad
de Michigan (1919) casi contemporánea en su construcción al proceso
de la de Estocolmo. Asplund también había visitado durante el viaje a
Estados Unidos la ciudad de Nueva York y su biblioteca así como las de
Boston y la de Harvard. No cabe duda de que, aunque muy alejado de
la concepción barroca en la decoración de estos edificios, su cuidada
organización y la disposición de los equipamientos fueron muy útiles al
arquitecto que estaba formando su idea de lo que debía ser el proyecto
que estaba realizando.

En el caso de Estocolmo la construcción de la Biblioteca estaba muy
vinculada a la organización del parque público adyacente, y Asplund
tanteó diversas soluciones para elaborar el plano de situación del edificio abarcando todo el lugar. En las primeras propuestas pretendía
extender el proyecto a la totalidad de la Colina del Observatorio. Este
deseo parece una intuición del concurso que Asplund ganaría años
después para ordenar ese territorio y construir realmente el parque,
aunque en este momento la idea del arquitecto era fragmentar el programa y construir una *acrópolis*, verdaderamente más vinculada a la
concepción romántica de la etapa que ahora se estaba terminando y
que más bien correspondía al comienzo de su labor profesional.

Entre los años 1918 y 1920 Asplund tanteó diversas formas de situar el
edificio al tiempo que avanzaba la ordenación de su programa funcional. Estas propuestas se muestran en los diversos croquis y maquetas
que reflejan las ideas iniciales para la Biblioteca. En realidad el lugar
donde iba a construirse era la esquina de Sveavägen y Odengatan, dos
importantes y céntricas vías urbanas. Y esta intersección, la situación
en esquina, suponía una dificultad añadida al proyecto del edificio. De

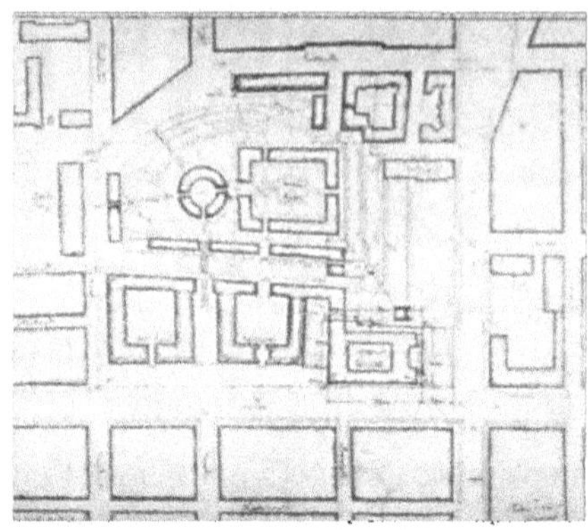

(3.1)
Croquis acrópolis

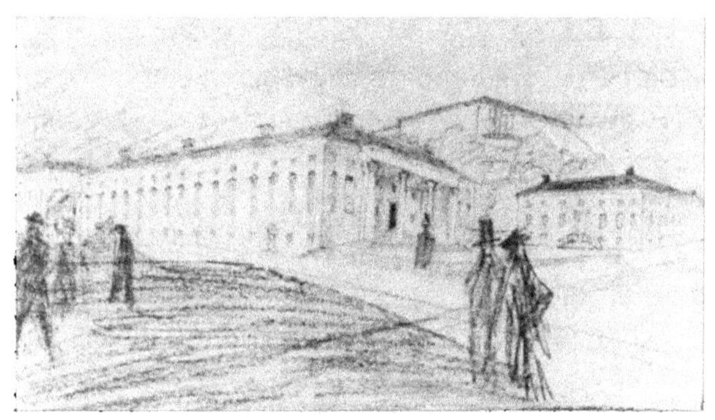

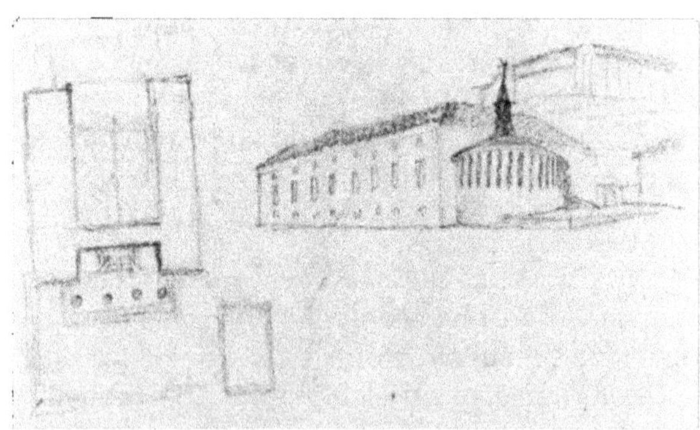

(3.2)
Croquis y perspectivas
1919

hecho, y cuando a principios de 1921 ya se había decidido una organización compacta del programa en planta cuadrada, Asplund propuso crear un vacío en el encuentro de las dos calles que resolvería la llegada a la Biblioteca, una especie de *plaza*, pero dudaba a cuál de las dos calles debía vincular el edificio.

Al comparar los planos de situación se pueden entender las dudas del arquitecto sobre las ventajas e inconvenientes de las dos propuestas. La alineación con Sveavägen permitía dotar a la Biblioteca de un valor urbano, apoyado por otros edificios que acompañarían su presencia, la cual ganaría importancia al avanzar la fachada hacia la avenida afirmando así su valor institucional. Esta solución planteaba la creación de un acceso secundario desde Sveavägen, pero en esta posición la entrada principal daba la espalda a la ciudad. De hecho, era necesario girar ciento ochenta grados para entrar a la Biblioteca por la puerta más importante cuando se llegaba desde el centro de Estocolmo. Asplund trató de deshacer el valor de este eje de acceso al edificio ocupando el centro de la *plaza* y compensando su simetría imposible con los banqueos geométricos de la Colina que, en su intersección, materializaban la diagonal de la esquina y conferían a Odengatan el valor de vía secundaria tangente a ese jardín urbano.

La otra solución consistía en alinear la Biblioteca con Odengatan. El concepto de la *plaza* para la entrada principal es similar al de la anterior propuesta pero, en este caso, la relación con el centro urbano se producía de forma más natural: la fachada principal se presentaba ahora paralela a Sveavägen desde donde el camino de llegada se planteaba con mayor claridad. En este caso el edificio se vincula a una serie de espacios de jardín, ordenados geométricamente, alejándose de la condición urbana de la otra propuesta, incluso la fachada lateral hacia Odengatan, donde ahora aparece el acceso secundario, se retranquea de esta alineación, y todo ello contribuye a la idea de presentar la Biblioteca incluida en un jardín. El énfasis gráfico del plano de situación haría suponer la preferencia de Asplund por esta solución y es probable que ello fuera debido no sólo a la relación más adecuada de la ciudad con el acceso, sino también a la orientación de la fachada principal donde éste se sitúa. El sentido del norte lo define la diagonal de la *plaza* hacia la intersección de las calles y, en este caso, la fachada principal de la Biblioteca aún llegaría a recibir el sol de naciente, al contrario que en la orientación más sombría, al noroeste, de la solución anterior. Además,

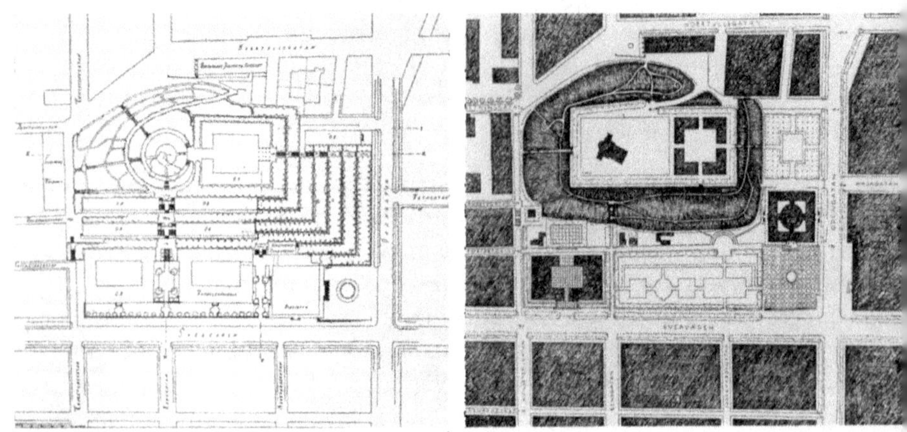

(4)
Dibujos 1920

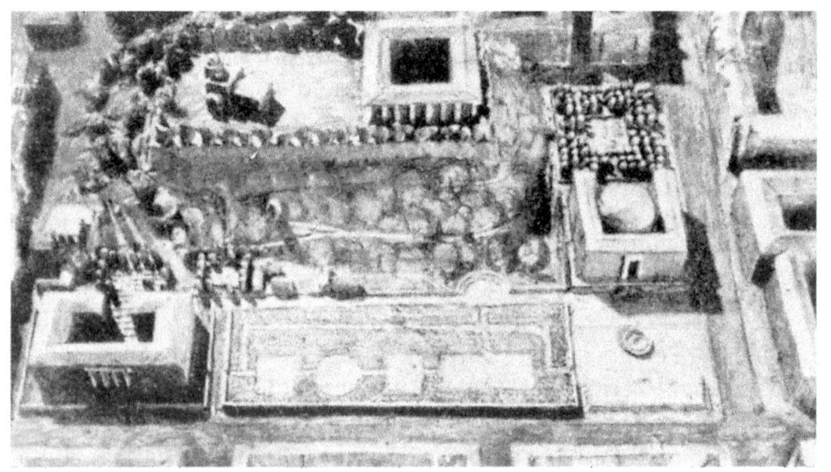

(5)
Maqueta 1920

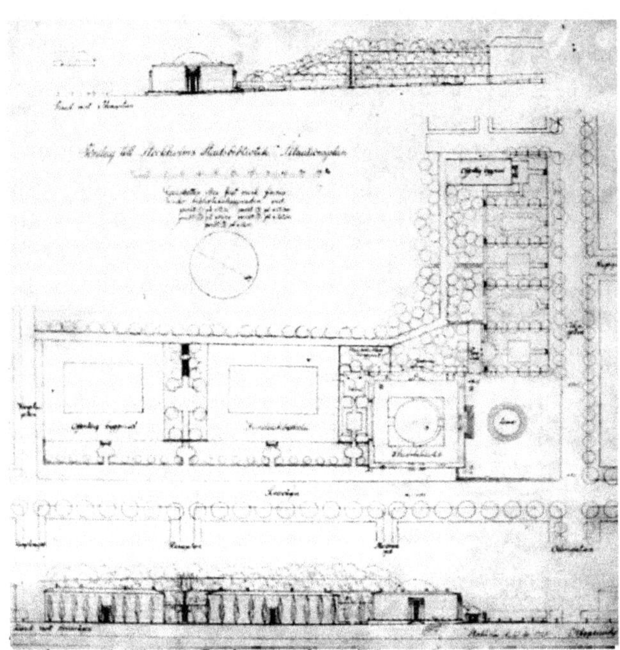

(6)
Planta de situación 1921

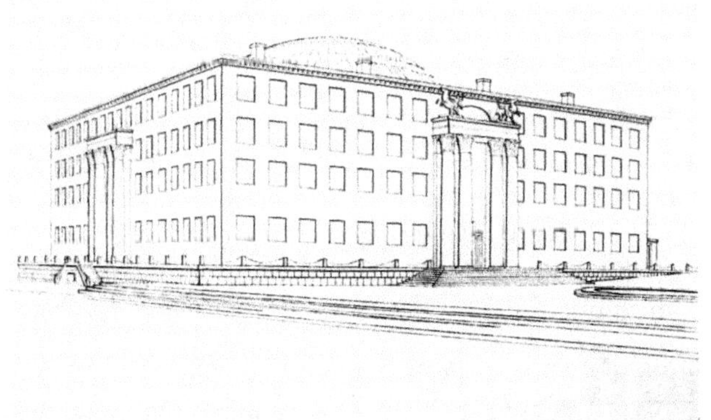

(7)
Perspectiva 1921

Asplund realizó una maqueta de esta propuesta en la que eliminaba una de las crujías del edificio para tratar de incorporar la sala al jardín posterior, una idea que terminaría por utilizar en la propuesta definitiva. Sin embargo decidió abandonar esta solución y seguir con la primera eliminando los banqueos de la colina y disponiendo en Odengatan edificios de baja altura organizados en torno a estrechos pasadizos que, a través de patios, vincularan la calle con el jardín urbano que se formaría tras ellos. Es interesante observar la proximidad entre este tipo edilicio y el que empleó en el concurso para las Cancillerías Reales de Estocolmo que estaba realizando en la misma fecha.

Cuando dibujó el plano de situación Asplund utilizaba el proyecto que desarrollaría en 1921. La idea de partida consistía en disponer los espacios de lectura, administración y servicios en torno a la sala de préstamos, formando un edificio compacto de planta cuadrada. Este salón central, concebido también como expositor de libros, se cubre con una cúpula que además ilumina cenitalmente el interior. Hay ya muchas decisiones en la organización funcional de la Biblioteca que van a mantenerse hasta la solución final. Las plantas de esta propuesta muestran una disposición casi simétrica con respecto al eje noroeste-sureste, paralelo a Sveavägen, que constituye también la dirección de la entrada principal. Los otros dos accesos se producen desde una plataforma exterior que rodea el edificio y resuelve las diferencias de altimetría, relacionando la Biblioteca con la avenida y con el parque y vinculándolos con otros usos como la consulta de periódicos, salas para lectura infantil, espacios de reunión, etc.

En el nivel del suelo se sitúan todos estos servicios que se relacionan con las entradas y también el depósito de libros, de manera que es necesario ascender hasta la planta principal para llegar a la sala de préstamos y a las de lectura, que constituyen el núcleo fundamental de la Biblioteca. En el nivel superior están los espacios de uso restringido y la administración.

Es importante observar el valor que adquieren los caminos para llegar y el movimiento por el edificio en el desarrollo de la propuesta. Asplund confiere una importancia especial al acceso a la sala de lectura por la entrada principal. Es necesario realizar un recorrido ascendente y este itinerario adquiere un sentido ritual, una condición simbólica que tantas veces Asplund incorpora a sus propuestas. La escalera que sube desde la plaza hasta la puerta de la Biblioteca lleva hasta el hall, en cuyo

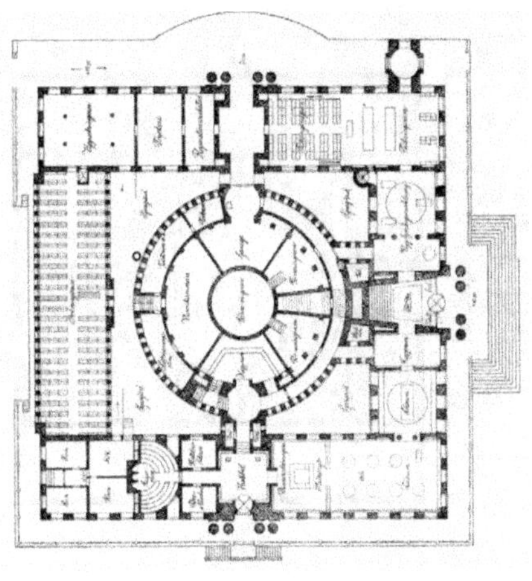

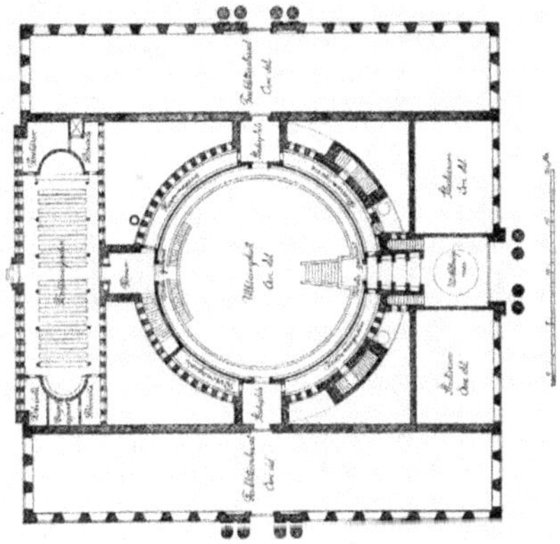

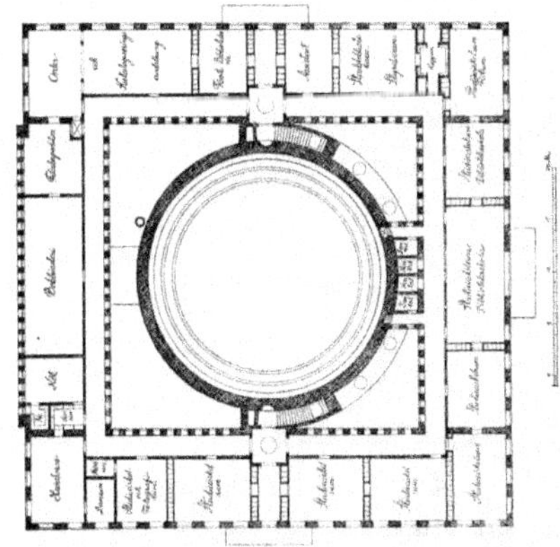

(8.1), (8.2) y (8.3)
Planta de acceso, planta primera
y planta superior 1921

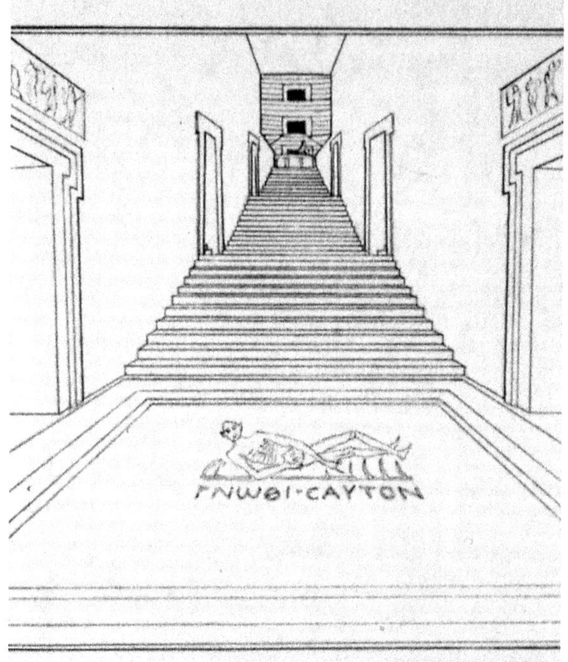

(9.1)
Perspectiva del acceso 1921

(9.2)
Perspectiva interior 1921

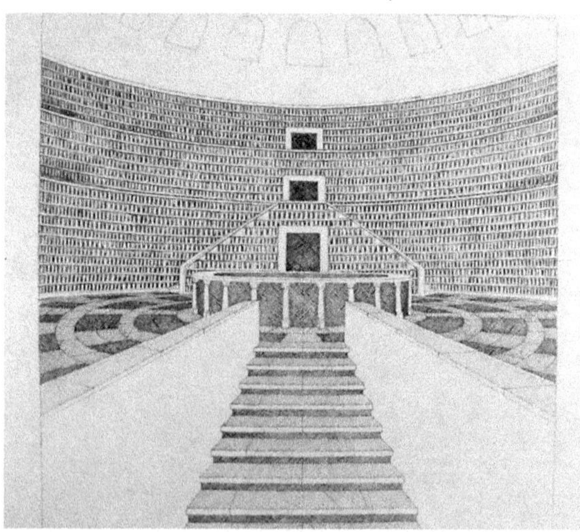

pavimento se inscribe el precepto délfico "Gnoti Seafton" (conócete
a ti mismo) y desde este punto arranca la escalinata que lleva hasta el
mostrador de la sala de préstamos. Es evidente aquí el énfasis con que
el arquitecto representa la necesidad de la propia consciencia antes de
acceder al conocimiento que nos llega de fuera, y también el esfuerzo
que significa recorrer el camino que lleva al conocimiento. La dimensión literal de este tránsito es acentuada por Asplund al hacer conver-
gentes los muros que lo limitan, lo que aumenta visualmente la dimensión de este ascenso.[2]

La cualidad espacial de este itinerario se explica bien en la sección
que muestra la forma de llegar desde la *oscuridad* a la luz, creada por la
iluminación cenital mediante la perforación de la cúpula, cuya base se
extiende en el escalonamiento de las estanterías de libros. Este ámbito,
que casi se percibe como esférico, subraya esa sensación de la mirada
única, de la posibilidad de poseer desde aquí la totalidad del conocimiento y lo relaciona con las propuestas iluministas, concretamente
con las de Boullée en el Monumento a Newton y la Biblioteca Real.

Los alzados están dibujados con la idea de una fenestración regular
rota por la presencia monumental de las puertas y por el orden de la
fachada posterior: una retícula de huecos pequeños como si se tratase
de un *columbario* que limita los espacios de almacenamiento, en los
niveles inferiores, y también las salas de representación y el salón de
actos, al cual corresponde el mirador situado en el centro geométrico
de esta fachada. Tanto en el alero como en las suaves pendientes que
rematan las fachadas y en la disposición regular de las chimeneas, aún
se advierten los ecos del Romanticismo Nacional de la Escuela Klara,
donde Asplund había completado sus años de formación, aunque la
cúpula, dibujada con trazos muy tenues, deshace en cierta medida este
vínculo. En todo caso, la composición de los alzados configura inevitablemente un edificio con frente y espalda, y precisamente esta espalda se orienta hacia el centro histórico de la ciudad. Es posible que la
reflexión sobre ese hecho iniciase la crisis de la propuesta.

Se han señalado diversas causas para explicar la evolución del proyecto
para la Biblioteca Pública y porqué se puso en crisis la solución de 1921.

---

2. En este sentido puede consultarse la tesis realizada por el autor de este texto en el
capítulo "Itinerarios". *La Arquitectura de Gunnar Asplund*. Colección Arquithesis n° 11.
Fundación Caja de Arquitectos. Barcelona. 2002.

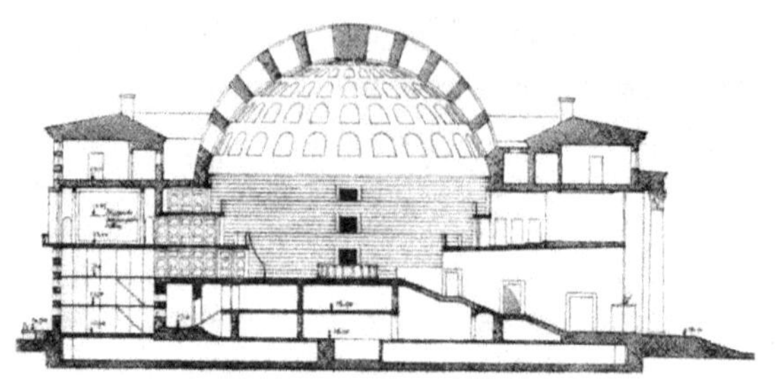

(10)
Sección 1921

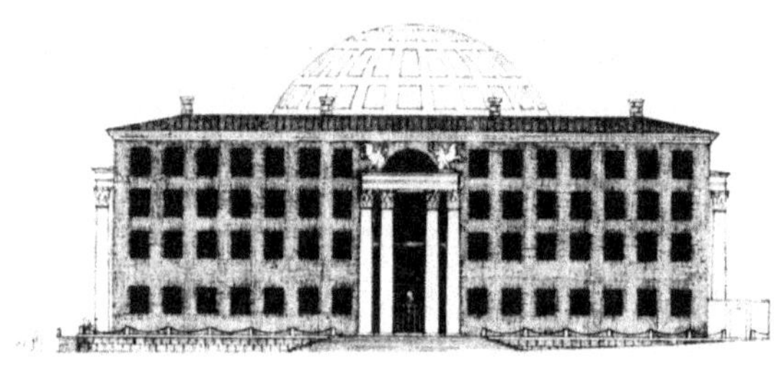

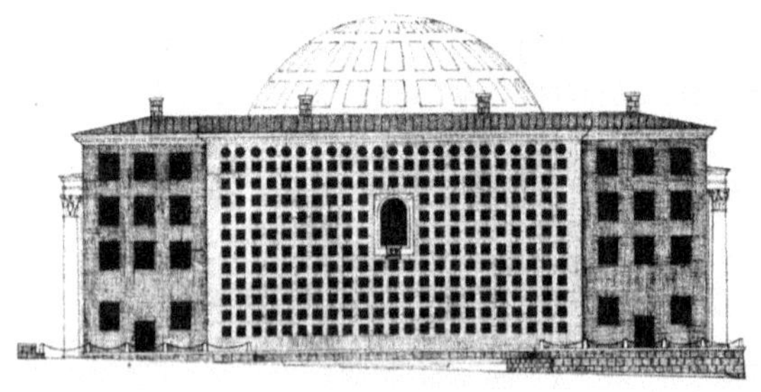

(11)
Alzados 1921

Quizá una de ellas fuese la construcción de la cúpula tal como Asplund la había pensado y la dificultad de controlar los lucernarios que, a través de ella, iluminaban la sala principal. El propio arquitecto se refiere a esta cuestión cuando la obra se publica por primera vez:

> *"Se pensó al principio en iluminar el vestíbulo de préstamos con lucernarios en la cubierta. Pero nuestra construcción habitual de lucernarios con doble cristal translúcido da una luz gris y aburrida. Ningún rayo de luz consigue llegar hasta abajo y, como queda demostrado que es prácticamente imposible conseguir una luz clara y directa mediante ventanas en cubierta, se renunció a ellas, y distribuyendo los vanos de luz en la parte superior de los muros exteriores."*[3]

Pero también es probable que las dudas que se habían planteado al dibujar el plano de situación, la escasa confianza en la solidez de estas propuestas y la voluntad de relacionar el edificio con la ciudad de una forma verdaderamente adecuada, fuesen también razones para estudiar otras alternativas.

En uno de los croquis que Asplund dibujó a continuación, hacia 1922, el edificio se concibe con una marcada condición volumétrica que anuncia el carácter de la propuesta definitiva, pero el cambio fundamental consiste en la sustitución de la cúpula por un cilindro que transforma sustancialmente la imagen de la Biblioteca y hace pensar en una cualidad bien distinta para la sala de lectura.

Como puede observarse en los alzados realizados este mismo año el *lucernario* sobre la sala se produce ahora mediante huecos verticales, y la propuesta se desarrolla hacia un volumen más sobrio en cuya fenestración prevalece el macizo sobre el vano. En estas decisiones se encuentran las claves de la solución definitiva que van a matizarse progresivamente en el ajuste de las ventanas, de su proporción y ritmo y de las relaciones de escala entre el cuerpo principal del edificio y el cilindro, cuya presencia no solo confiere al proyecto uno de los atributos fundamentales de su volumetría sino que, como acción, tiene realmente la capacidad de prolongar la vida de los modelos que sirvieron a Asplund de referencia, de difuminar sus vínculos más directos prolongando así la vida de un tipo sin repetirlo.

---

3. Erik Gunnar Asplund. *Escritos 1906-1940. Cuaderno de viaje 1913.* Op. cit.

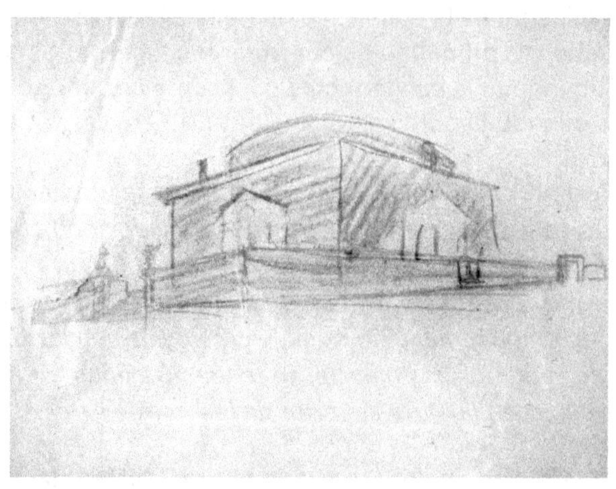

(12)
Croquis hacia 1922

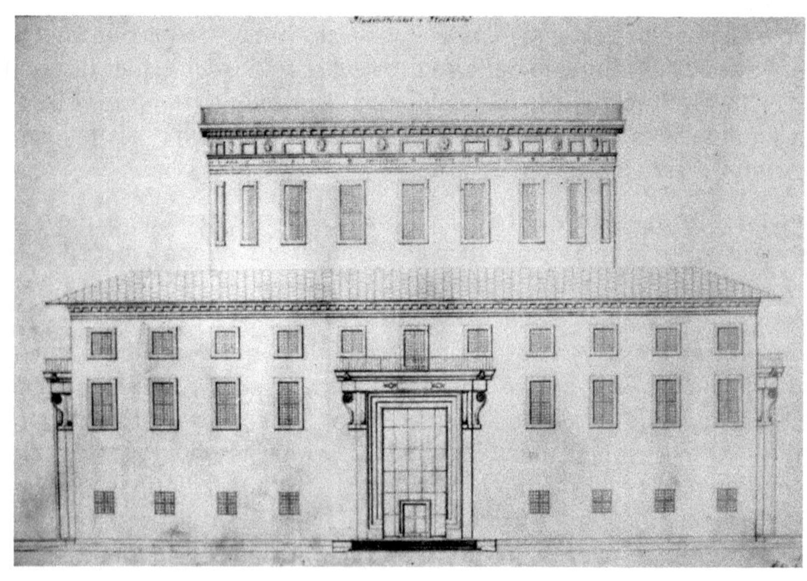

(13)
Alzados 1922

A partir de este momento, entre 1923 y 1924, se toman las decisiones fundamentales para realizar la propuesta definitiva. En las soluciones anteriores Asplund había dudado sobre cómo producir la esquina formada por la confluencia de las dos calles principales dejando vacío ese lugar y tanteando la situación de la Biblioteca a uno u otro lado de este ámbito. Los inconvenientes de ambas alternativas se resuelven cuando decidió que el edificio debía ocupar precisamente ese vacío. El propio edificio resolvería la esquina. De esta forma se liberaban dos espacios, hacia Sveavägen y Odengatan, cuya relación con el edificio va a proponerse cuando la Biblioteca ya había empezado a construirse.

Una de estas soluciones consistía en construir una secuencia de pórticos a lo largo de Odengatan, entre alineaciones ordenadas de árboles, donde se ubicaría un mercado con puestos temporales al aire libre. Esta solución, realizada en 1926, resolvía bien la articulación entre el borde de la colina y la calle, configurando un jardín lineal. Además la sala principal de préstamos se abría a este lugar y podía pensarse que la actividad urbana fuese un reclamo que estimulase la vida de la Biblioteca. Sin embargo la propuesta no llegó a construirse.

Otros dibujos realizados posteriormente reflejan con mayor precisión lo que sería la ordenación definitiva de este entorno. No obstante el plano de situación definitivo corresponde al concurso de ordenación de la Colina del Observatorio, que Asplund ganó en 1926 y cuya construcción se prolongó hasta 1935, configurando el entorno definitivo y los jardines alrededor de la Biblioteca Pública. En el dibujo se reflejan los diversos caminos vinculados a la topografía abrupta, el trazado de los cauces de agua que llegan hasta el estanque, alineado con la avenida principal y que se convierte en invierno en pista de patinaje. Asplund completó este jardín con el mobiliario urbano, proyectado con gran sensibilidad, y tanto las diversas cualidades de la vegetación como los objetos contribuían a hacer comprensible y a anclar de forma precisa la Biblioteca en su lugar.

En todos estos documentos el edificio ocupa ya su lugar definitivo en la esquina de las dos calles y tangente al vértice de la Colina del Observatorio. Puede observarse que los dos ejes principales del edificio, de planta cuadrada, no se disponen paralelos a las vías urbanas que lo limitan, sino que la fachada principal se gira ligeramente para mirar al centro de la ciudad, lo que refuerza la jerarquía del acceso desde Sveavägen, mediante una gran rampa italiana, y crea un vínculo entre ese lugar de lectura, de acceso al conocimiento, y el origen de la ciudad

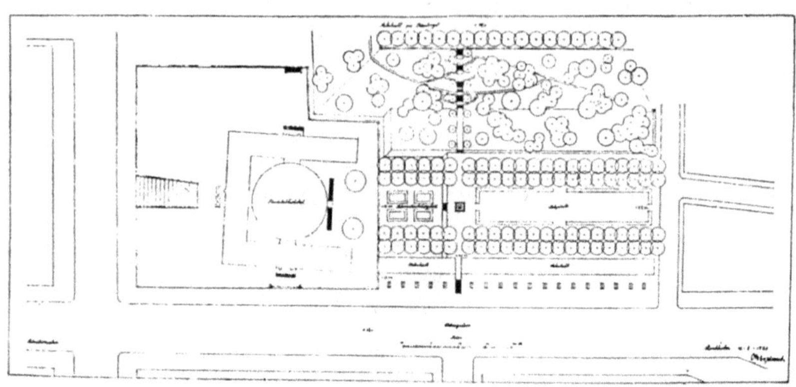

(14.1)
Situación 1926

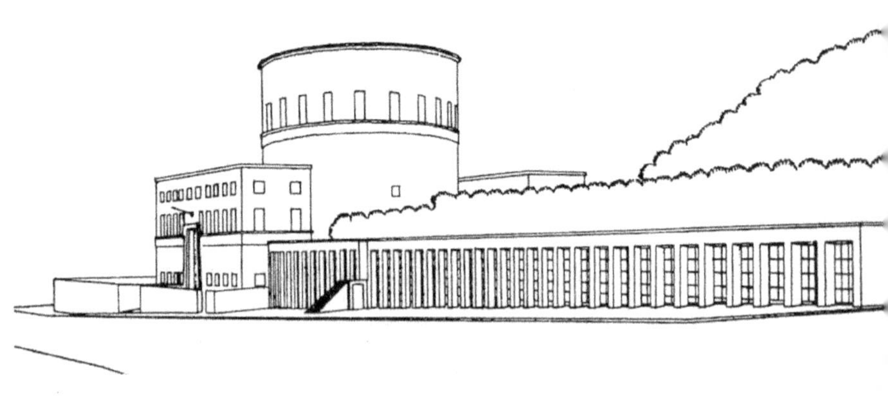

(14.2)
Perspectiva Odengatan 1926

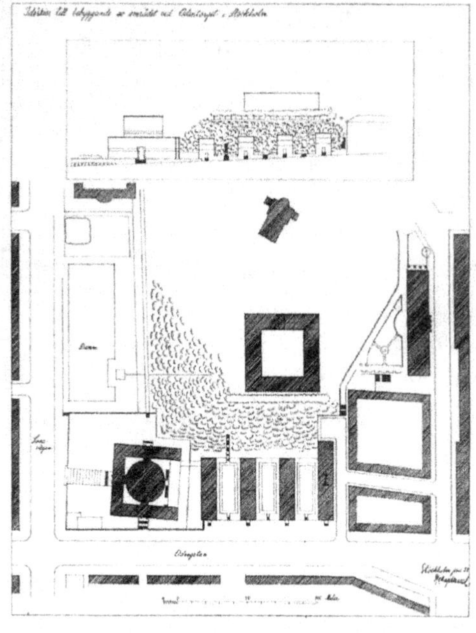

(15)
Situación 1928

(16)
Situación con jardines
de la colina

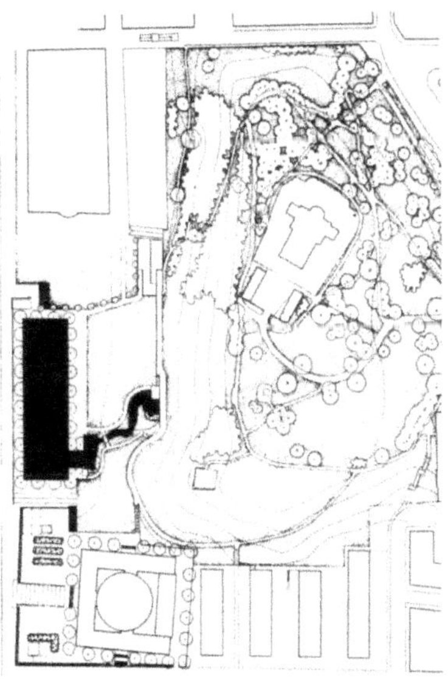

antigua. Además, esta rotación ajusta los ejes del edificio a las líneas de orientación geográfica de forma más precisa, dirigiendo la fachada principal hacia el este, el sol naciente.

Durante los dos años anteriores al inicio de la construcción se dibujaron los planos definitivos para la Biblioteca y en ellos pueden apreciarse las huellas de todo el proceso que llegó a producirlos. Su resultado refleja las decisiones que se iniciaron y fue necesario interrumpir para que otras intuiciones crecieran y se decantasen con mayor intensidad.

La planta cuadrada, de 50 metros de lado, es una idea inicial, como la disposición de la sala de préstamos sobre los archivos para elevarla del suelo rodeándola del resto de las dependencias del programa. Incluso en alguna de las maquetas de 1920, cuando aún se pensaba cubrir esa sala con la cúpula, aparecen las crujías perimetrales formando una "U" que se abre a un jardín posterior, tal como finalmente la vemos dibujada, aunque esta discontinuidad del perímetro fuera posteriormente eliminada al ampliar la Biblioteca con nuevas salas.

Asplund describe el edificio acentuando los aspectos utilitarios y del programa:

> *"La planta principal, con el vestíbulo de préstamos, las salas de lectura, las zonas de estudio, etc., son decisivas en la organización de todo el edificio. La planta, centrada, se basa en la exigencia de que la distancia al mostrador de préstamos sea la mínima posible, ya que en una biblioteca de este tipo aquél se constituye en el centro natural."*

y continua diciendo:

> *"En este caso concreto, el programa de edificación exigía dos salas de lectura, dos zonas de estudio, etc. resultando por ello natural una ordenación simétrica de la planta. Además, debido a la situación en esquina del edificio, me parecía deseable una propuesta compacta."*[4]

La gran sala cilíndrica de 29 metros de diámetro se llega a afirmar como un tema fundamental no solo en sus valores espaciales o volumétricos sino también por la forma de dibujar su contorno, haciendo de este

---

4. Erik Gunnar Asplund. *Escritos 1906-1940. Cuaderno de viaje 1913.* Op. cit.

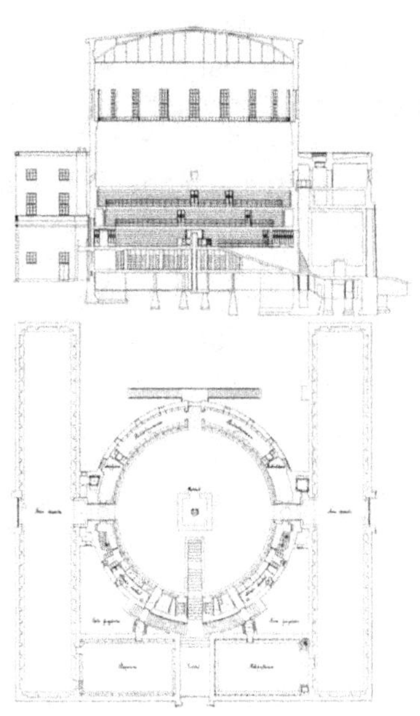
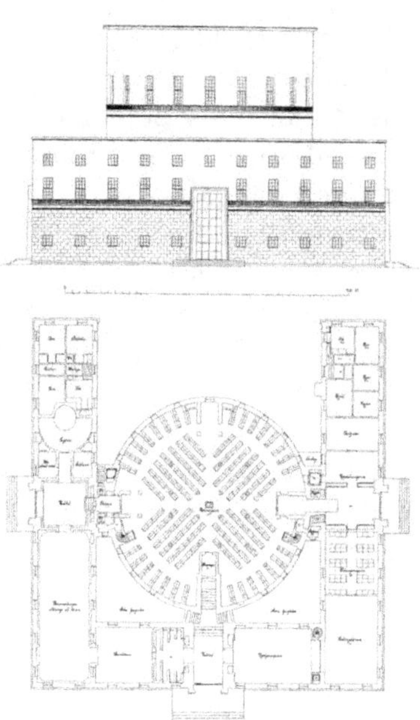

(17)
Planta de acceso y planta
primera 1924

(18)
Perspectiva 1928

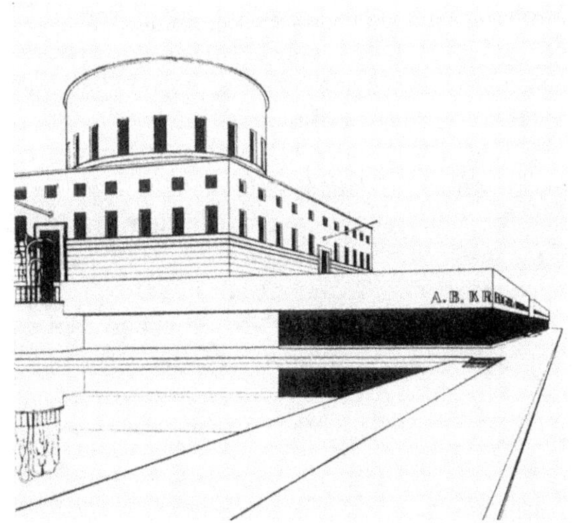

detalle una de las cuestiones importantes del proyecto. Por ejemplo, si el itinerario ascendente que conduce a la sala de préstamos es una de las ideas a las que Asplund confiere importancia, su valor se acentúa al disponer dos escaleras circulares simétricas que arrancan del rellano de acceso y obligan en este punto a afirmar la dirección del recorrido renunciando a otras posibilidades que la bifurcación ofrece. Estas situaciones, paradójicas, tan propias de la sensibilidad de Asplund y a veces casi imperceptibles, aportan una riqueza indudable al uso de estos lugares y a la experiencia de sus espacios. De una forma voluntariamente simple el arquitecto se refiere así a este punto:

> *"El acceso para adultos se produce a través de la entrada principal, desde Sveavägen, por medio de una escalera que se prolonga hasta el mostrador del vestíbulo y que proporciona un paso estrecho necesario para el control. Las personas cuyo objetivo son las salas de estudio en grupo, o los despachos de funcionarios situados en elpiso superior, tienen que pasar a través de las dos escaleras laterales curvas, que además facilitan a los empleados el contacto con las galerías del vestíbulo, las salas de estudio y las de revistas..."*[5]

Asplund no desveló tantas otras decisiones que se tomaron para llegar a concluirla Biblioteca Pública de Estocolmo, algunas de ellas, y no de escasa importancia, durante el mismo proceso de su construcción. Es evidente la influencia del Museo de Thorwaldsen en Copenhague, proyectado por Bindesböll en 1848, no solo en la referencia a los motivos egipcios y neoclásicos, también en el color de los revocos. Es menos evidente la razón de utilizar los bajorrelieves asirios que flanquean el largo vestíbulo de acceso, aunque podría pensarse que la misma consideración de carácter que llevó a Asplund a concebir la Biblioteca como invención neoclásica inspira aquí una consideración simbólica. De hecho, los egipcios llamaban a las bibliotecas "casas de la vida" y en Mesopotamia surgió la escritura cuneiforme, además de las primeras bibliotecas con más de 4000 años de antigüedad. Todo este argumento contrasta con la puerta enmarcada por una cristalera de perfiles finísimos de ejecución impecable y los tiradores de bronce con las figuras de Adán y Eva.

---

5. Erik Gunnar Asplund. *Escritos 1906-1940. Cuaderno de viaje 1913.* Op. cit.

Verdaderamente son operaciones que se prestan por parte de la crítica a tantas interpretaciones distintas, aunque sería interesante verlas en cuanto afirman la independencia de acciones dentro de un edificio, que en el caso de Asplund se traduce en la capacidad de incorporar a su arquitectura un mundo diverso de objetos, de muebles, realizados o no por él, de obras producidas por otros artistas que, incluso teniendo vida propia, llegan a integrarse en las intenciones más globales del proyecto.

Al experimentar el espacio de la Biblioteca es evidente la seguridad del arquitecto en su posibilidad de producir un lugar con capacidad de condensar y estimular el conocimiento. Asplund confiaba en el valor de ese escenario para construir un mejor entendimiento de la vida urbana, no sólo con un significado público sino básicamente sociable y ético. En este sentido se relaciona de nuevo con las aspiraciones de aquellos arquitectos que, a finales del siglo XVIII, trabajaron desde los ideales de crear un nuevo orden social mediante la atención dada a la forma de construir, creyendo que a través de la arquitectura era posible transformar las costumbres de la sociedad e impulsar su progreso.

Existe un último dibujo realizado en 1928 donde la Biblioteca se sitúa sobre una plataforma abierta en su esquina por un gran ventanal y cuya ligereza se enfatiza por el reflejo en el agua del estanque. Las tiendas, que en alguna propuesta anterior prolongaban el zócalo del edificio, se encuentran ahora formando parte de él. Seguramente, esta perspectiva anuncia el final de una etapa que culminará dos años después con la Exposición de Estocolmo.

Refiriéndose a la personalidad de Asplund escribió su amigo Hakon Ahlberg:

> *"Su carácter, aunque equilibrado y armonioso, estaba hecho de muchos elementos aparentemente conflictivos..."*[6]

Si observamos con atención este último dibujo quizá puede intuirse que el conflicto en la superposición de estas dos arquitecturas sea tan solo aparente.

---

6. Hakon Ahlberg. *Gunnar Asplund Arquitecto 1885-1940.* Colección Arquitectura, n° 4. Galería-Librería Yerba. Murcia. 1982.

G

HEIKKI & KAIJA SIREN
RESIDENCIA DE DESCANSO EN LINGONSÖ

Jairo Rodríguez

En 1956 Heikki y Kaija Siren construyeron en el Campus Universitario de Otaniemi, junto a Helsinki, la capilla luterana con la que llegaron a ser nacionalmente reconocidos. Esta obra de la pareja sentimental y profesional de arquitectos finlandeses les sirvió también para alcanzar, a pesar de su juventud, una más que destacada distinción internacional. La discreta capilla, apartada y escondida en una pequeña zona boscosa del campus, ha atraído tanta atención durante el siglo XX, e incluso en nuestros días, que ha acabado por ensombrecer y desplazar el resto de su obra. Esta cuestión se hace especialmente significativa cuando descubrimos la naturaleza y extensión de su producción. El estudio de la pareja realizó más de cuatrocientos proyectos de los cuales alrededor de trescientos cincuenta llegaron a ser construidos. Importantes edificios en Francia, Austria, Irak o Japón atestiguan la relevancia alcanzada por este equipo al tiempo que sirven para atraer aún más nuestra atención.

En contraste con la repercusión mediática que en su país alcanzaron otras figuras como Alvar Aalto, Aarne Ervi o Viljo Revell,[1] la discreción y modestia mantenida siempre por la pareja ayudaron a conservar ese velo que ha permanecido sobre la mayor parte del resto de su obra. Por un momento, podemos llegar a pensar que es éste un asunto de naturaleza heredada. La obra de Johan Sigfrid Siren, padre de Heikki, arquitecto y catedrático profesor en el Politécnico de Helsinki durante veintiséis años, sufrió y sigue padeciendo una desatención muy similar.[2] Su realización más importante, el Parlamento de Finlandia o Eduskuntatalo, erigido entre 1926 y 1931, se convirtió inmediatamente en un símbolo nacional representativo de la independencia recientemente conquistada. Sin embargo, en algunos círculos arquitectónicos, el tardío clasicismo que presentó esta obra fue duramente criticado tanto antes como tras su construcción. Por una razón o por otra, al igual que ocurriera con Heikki y Kaija Siren, fue tal atención focalizada sobre un solo edificio que el resto de la obra de J. S. Siren quedó prácticamente relegada al olvido.

---

1. Para Roger Connah, por su encanto y astucia comercial, Aarne Ervi era el "Cary Grant" de la arquitectura finlandesa. Cfr. Roger Connah, Finland. *Modern architectures in history*. London, Reaktion Books, 2005, p. 149.
2. Sirve como referencia saber que la única publicación individual sobre su obra se limita al catálogo editado en 1989 con motivo de la exposición itinerante J. S. Siren. Arkkitehti 1889-1961, organizada por el Museo Finlandés de Arquitectura - MFA. Cfr. Severi Blomstedt, *J. S. Sirén, arkkitehti 1889-1961*. Helsinki, Suomen Rakennustaiteen Museo, 1989.

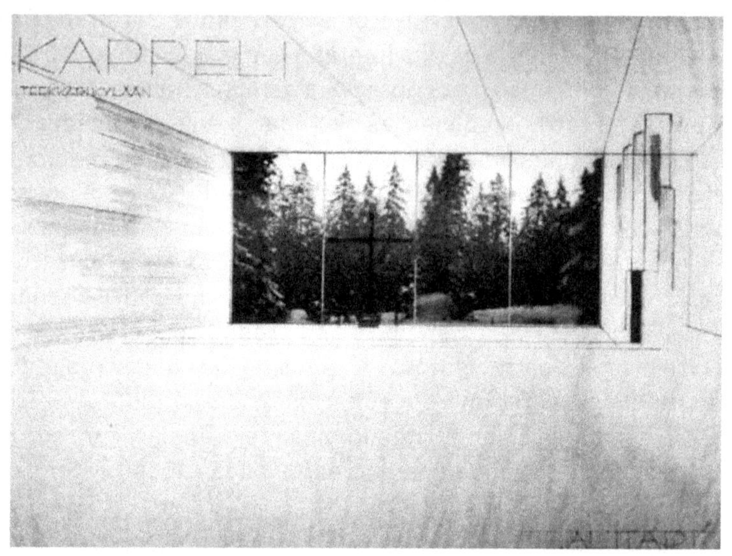

(1)
Capilla de Otaniemi, dibujo de concurso, 1954
Heikki y Kaija Siren

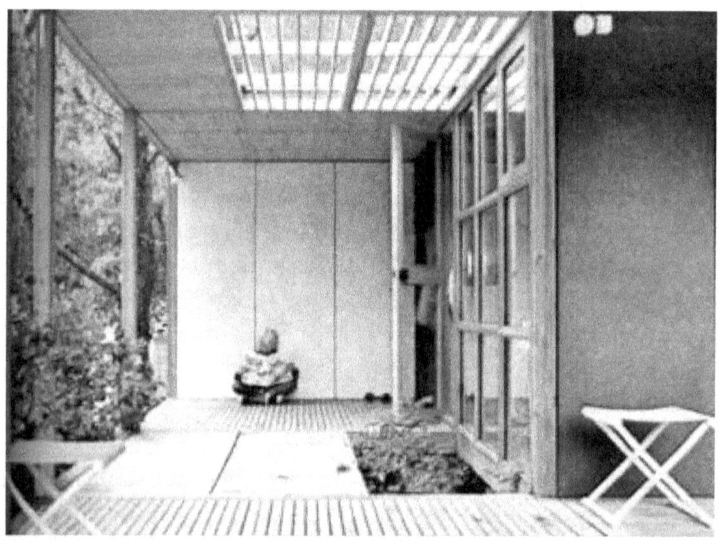

(2)
Moduli 225, 1969
K. Gullichsen y J. Pallasma

En la obra de la pareja Siren se descubren importantes proyectos que merecen ser puestos en valor. Entre ellos, llama especialmente nuestra atención la residencia de verano que realizaron entre 1966 y 1969 en el archipiélago de Barosund, al sur Finlandia. Proyectada para su retiro durante el período estival, es fácilmente distinguible en ella la presencia de la tradición constructiva local. No obstante, apreciamos al mismo tiempo una ambigüedad y cierto cariz enigmático que invitan a detenernos en ella y profundizar con más atención en su análisis.

Finlandia siempre ha contado en el campo de la arquitectura con figuras especialmente destacadas que han marcado con su obra la historia escrita de la arquitectura de este país. Carl Ludwig Engel, durante el siglo XIX, y Lars Sonck junto a Eliel Saarinen, durante el cambio de siglo, consiguieron eclipsar la obra del resto de sus compañeros. Posteriormente, y durante casi cuarenta años, Alvar Aalto se convirtió de un modo prácticamente omnipresente en el más alto representante dentro y fuera de su país. Sin embargo, como no podía ser de otro modo, la existencia de un personaje de peso siempre provoca en otros, a modo de reacción, la búsqueda de vías alternativas. Estos nuevos caminos permanecieron ensombrecidos durante la mayor parte de la mitad del siglo XX bajo la frondosa producción aaltiana.[3] No obstante, en la década de los 60, momento en el que la figura de Aalto comenzaba ya a diluirse, estos nuevos caminos ensayados por los arquitectos jóvenes comenzaron a hacerse más visibles. En esta década, tras la recuperación posbélica del país y la reafirmación de su independencia, emergió una sólida confianza en la tecnología, un optimismo generalizado y una seguridad en el futuro del país. Trasladado esto al diseño arquitectónico, se comenzó a producir un tipo de arquitectura muy característica y totalmente alejada de la tradición naturalista instaurada por Aalto. Con gran poder de seducción, el conjunto de obras englobadas bajo la tendencia denominada *estructuralista* o *constructivista*, se apoderaron de la escena arquitectónica nacional. Entre las construcciones más destacadas y difundidas encontramos la Villa Relander en Muurame (1966) de Kirmo Mikkola y Juhani Pallasmaa, la sauna

---

3. Raili Pietilä comentaría esta cuestión en Cfr. David Sokol, "Breaking the Modernist Mold". Entrevista digital a Raili Pietilä: <http://www.metropolismag.com/December-1969/Breaking-the-Modernist-Mold/> (11/12/2013)

prefabricada Marisauna para Marimekko de Aarno Ruusuvuori (1968) o
el sistema constructivo Moduli 225 para la Compañía Ahlström S.A. de
Kristian Gullichsen y Juhani Pallasmaa (1969). Esta amplia colección
de obras de similar concepción compartían un conjunto de referencias
comunes. Entre las más reseñables estaban la dependencia de nuevos
sistemas constructivos, el empleo de organizaciones modulares y la
confianza en la precisión obtenida gracias a la fabricación industrial.
Pero sin duda, la influencia más destacable durante este período fue
el mundo japonés. Gracias a este movimiento, la cultura japonesa des-
embarcó de manera manifiesta en Finlandia.

La imagen de estas arquitecturas era completamente identificable con
la arquitectura residencial de este país. Su relación con el entorno
natural, la modulación y proporción empleadas, los sistemas constructivos, los elementos móviles, el empleo de la madera o los ámbitos
de transición nos dan alguna pista sobre las referencias elegidas por
estos arquitectos. A tal punto llegó esta identificación con el entorno
japonés que, en parte de los cerramientos ciegos de algunas de las
construcciones citadas arriba, se serigrafió un gran círculo rojo sobre
fondo blanco como alusión a la bandera del país nipón.

Japón y Finlandia establecieron una pronta relación gubernamental y
económica tras la consecución de la independencia finlandesa en 1917.
Quizá, el haber compartido a la Unión Soviética como enemigo común
en lo que a enfrenamientos fronterizos se refiere facilitó una fluida
relación diplomática. A nivel arquitectónico, los vínculos que Alvar
Aalto mantuvo al comienzo de su carrera con la cultura del país oriental pudieron servir como toma de contacto entre ambas culturas. Era
conocida su amistad con el embajador de Japón en Finlandia y su intervención como miembro fundador en la Asociación Finlandesa-Japo-
nesa.[4] En los años 60 y 70, algunas exposiciones acercaron las culturas
arquitectónicas de uno y otro país. El Museo Finlandés de Arquitectura
organizó dos exposiciones en Tokio sobre su arquitectura: *Finnish
Architecture* y *Buildings for Sports* en 1964 y 1967 respectivamente. El
interés y los contactos desarrollados desembocaron posteriormente
en la exposición itinerante, organizada también por el Museo, que recorrió Finlandia y Suecia entre 1974 y 1977: *Japanese Joints*.

---

4. Cfr. Juhani Pallasmaa, *Conversaciones con Alvar Aalto.* Barcelona, G.G., 2010, p. 73.

Durante este período de éxito de la cultura japonesa en el contexto arquitectónico finlandés es donde debemos insertar la obra a tratar de la pareja Siren: la casa de verano en la Isla de Lingonsö. Heikki y Kaija Siren fueron arquitectos de carrera firme y constante. Destacaron por su fidelidad hacia un proceso proyectual basado en el rigor, la exactitud y la certeza. Sin duda alguna el padre de Heikki ejerció una fuerte influencia sobre la pareja a este respecto. Al revisar su obra apreciamos una producción interesada por corrientes internacionales trascendentes y esenciales, apenas afectada por tendencias de tipo temporal. A pesar de la fuerza alcanzada por la corriente estructuralista de perfil japonés de los años 60 en Finlandia, poco influyó ésta en la arquitectura de la pareja. Sin embargo, como veremos más adelante, su interés por el mundo oriental y su arquitectura más atávica existió, y se hizo patente de una manera singular en su casa de verano.

Una pequeña isla del mencionado archipiélago de Barosund, al suroeste de Helsinki, fue el emplazamiento elegido para esta construcción. La isla, propiedad ahora de los Siren, tiene un origen rocoso con importante presencia granítica en sus bordes y una tupida vegetación interior. La construcción se sitúa muy próxima al mar y en lado más protegido de la isla, al oeste, junto a un pequeño embarcadero construido exclusivamente para dar servicio a este refugio. Navegar a bordo de una pequeña embarcación es el único modo de llegar a este idílico lugar,[5] solo así puede ser transportado allí cualquier material o equipo necesario para el desempeño de la actividad constructiva. Esto, unido al riguroso ciclo estacional finlandés, que nunca ha facilitado las tareas constructivas fuera de los meses estivales, obligó a llevar a cabo una construcción rítmica fraccionada en el tiempo. La elección del lugar, inhabitado y aislado, y del emplazamiento del conjunto, cuidadosamente escogido atendiendo a la orientación, la protección y la comodidad, como ocurre en asentamientos históricos, sirvió junto a lo anterior para conectar esta obra con prácticas constructivas nacionales ancestrales.

---

5. El mundo náutico fue para los Siren una destacada afición y referente. Su obra compartirá con esta actividad el gusto por la precisión, la funcionalidad y el rigor. Cfr. Erik Bruun y Sara Popovits, *Siren. Finnish Architecture*. Helsinki, The Otava Publishing Co. Helsinki 1978, p. 8.

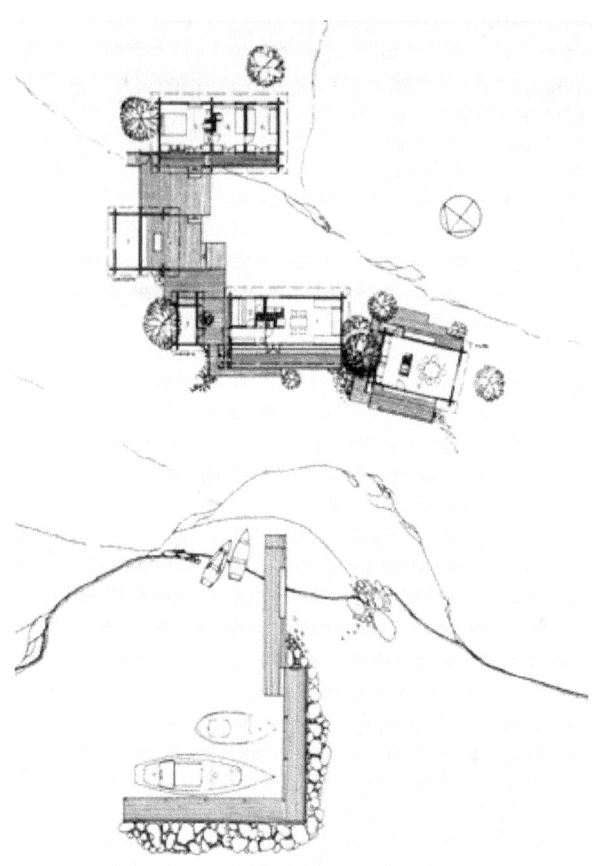

(3)
Planta de la residencia en
Lingonsö, Barosund.

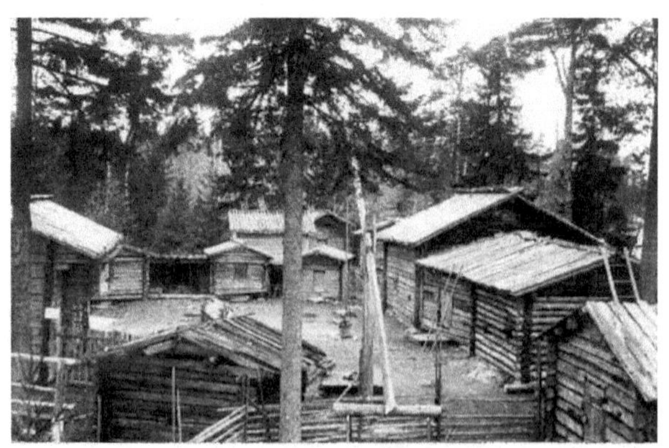

(4)
Granja tradicional de
Niemelä, en Seurasaari,
Helsinki.

Según un dicho local, antes de construir su casa el hombre finlandés
construye una sauna. De un modo literal Heikki y Kaija abordaron la
construcción de su residencia, levantando en el verano de 1966 la sauna
y un pequeño estar asociado a ella; en 1967 el estar principal o *tupa* y
entre 1968 y 1969 el ala de dormitorios y el estar cubierto. El resultado
de todo esto es una villa compuesta por piezas independientes coloca-
das aparentemente de un modo aleatorio evocador de las tradicionales
granjas finlandesas. En su conocido texto en defensa de aquellas construcciones como las más originarias y distintivas de su cultura, Alvar
Aalto escribió:

*"La casa careliana es, en cierta medida, un edificio que empieza por
una sola célula humilde o por edificios embrionales dispersos –
cobertizos para personas y animales– y que crece año tras año, dicho
sea utilizando una metáfora. La 'gran casa careliana' puede en cierto
sentido compararse a un grupo biológico de células o a un conjunto
mayor de formas cristalinas".* [6]

Reforzando este principio de crecimiento aditivo y aleatorio típicamente
careliano, observamos la diferente proporción y tamaño que adquieren
las cabañas y la situación aparentemente casual de cada una de ellas.
Las distancias desiguales entre construcciones, donde incluso una de las
piezas llega a situarse levemente girada, también ayudan a reforzar esta
singularidad careliana. Las cubiertas del conjunto juegan un papel importante en favor de esta Interpretación tradicional. Su diferente formalización, con algunas planas y otras inclinadas, así como la distinta cota de
coronación que alcanzan nos vuelve a remitir al anterior texto de Aalto:

*"Esta curiosa propiedad de crecimiento y flexibilidad se refleja con
contundencia en los principios arquitectónicos de la casa careliana.
La cubierta carece de un ángulo fijo de pendiente. Precisamente, el
uso aparentemente arbitrario de la inclinación de la cubierta, permite
luego el surgimiento de un conglomerado de edificios parecido a una
macla de cristales."* [7]

---

6. Cit. Göran Schildt, «La arquitectura de Carelia» en Göran Schildt, *Alvar Aalto. De palabra y por escrito*. Madrid, El Croquis Editorial, 2000, p. 165.
7. Ibíd., p. 165.

Una cuestión que emana de este texto, y que observamos tanto en la casa careliana como en la residencia de los Siren, es la ambivalente interpretación entre las diferentes unidades individuales y su configuración como conjunto. En ambos casos, sin afectar a la independencia de cada pieza, la proximidad entre elementos y la repetición de un mismo recurso, las diferentes cubiertas inclinadas, aportan unidad al complejo. Las plataformas que rodean la residencia también juegan un papel importante en este sentido. Su función es elemental y evidente, servir de conexión entre las diferentes construcciones separadas y, al mismo tiempo ofrecer, como elemento intermedio entre lo construido y el entorno, un contacto directo con la naturaleza salvaje. Estas terrazas aportan continuidad y unidad a las piezas separadas, pero debido a su formalización quebrada y disposición escalonada, presentan una segunda lectura donde las cabañas se perciben como unidades independientes. Fruto de una percepción más lejana, desde el mar y sin referencias de escala, puede ser percibida la agrupación como una pequeña aldea. Los espacios entre construcciones pasan a ser entendidos como calles y cada una de las cabañas, al disponer de chimenea propia, como una pieza autónoma.

Heikki y Kaija Siren se mostraron realmente preocupados por el enraizamiento del objeto arquitectónico en la cultura. En la búsqueda de principios originales y primigenios retrocedieron aún más atrás, casi hasta los orígenes de la civilización, donde nociones más universales servirán para explicar su arquitectura. Refiriéndose a tradiciones constructivas muy distintivas y arraigadas como la japonesa, la mediterránea y la propia finlandesa escribieron:

"Es obvio que la trascendencia duradera de estos edificios tiene su origen en la fuerza creativa que poseen. Estas construcciones no solo responden a un uso concreto sino que superan esta finalidad alcanzando cualidades no racionales de la arquitectura. Instinto, intuición e imaginación se conjugan en el establecimiento de valores permanentes."[8]

---

8. Cit. Ann Lee Morgan y Colin Naylor, *Contemporary architects*. Chicago, St James Press, 1987, p. 843.

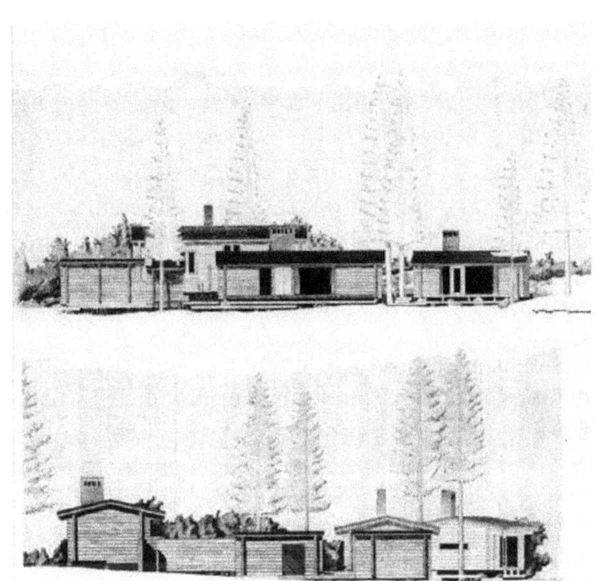

(5)
Alzados de la residencia
de descanso en Lingonsö

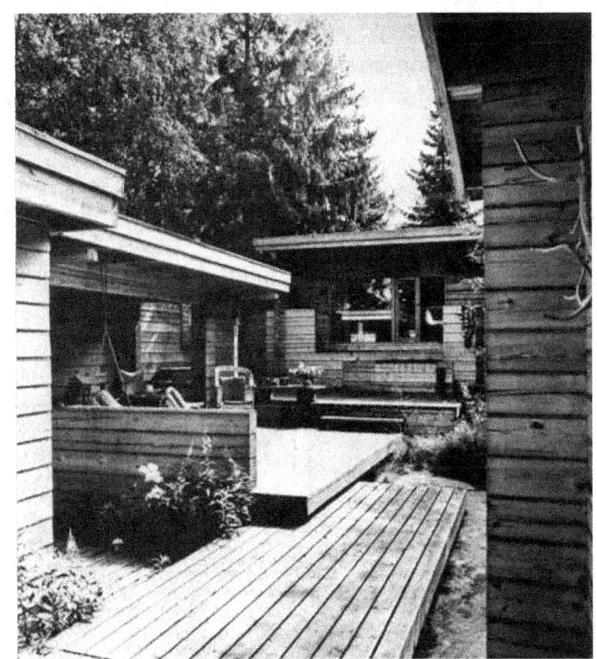

(6)
Residencia de descanso
en Lingonsö

Un decisivo paso más en este sentido lo encontramos en el procedimiento constructivo empleado. Basado en el tradicional método de troncos blocados, se resolvió aquí con una elemental simplicidad formal y estructural alejada de las exageraciones folclóricas habituales en estos sistemas. La adopción de este procedimiento constructivo no fue fruto de una mera imitación formal sino el resultado original de la respuesta a una necesidad. La construcción en una isla inhabitada sin ningún tipo de servicio o infraestructura obligó a emplear, tal y como históricamente ha ocurrido, los materiales y recursos al alcance de la mano.

A pesar de esta acumulación de referencias tradicionales, los Siren evidenciaron aquí también la influencia ejercida por Mies van der Rohe. Éste supuso un referente a lo largo de toda su carrera y su afinidad hacia él quedó plasmada en otros proyectos anteriores como los edificios residenciales de Otaniemi y Tapiola, el edificio KOP o en la misma capilla de Otaniemi.[9] En la obra del maestro alemán, la pareja finlandesa descubrió las claves para un inteligente uso del vidrio. Al mismo tiempo, reconocieron en su arquitectura algunos de los valores transmitidos por el padre de Heikki, como la importancia de los elementos estructurales, la modulación o la precisión. Identificaron también una predilección por la ortogonalidad, la horizontalidad y las geometrías puras, así como el valor del cuidado en los detalles. En la residencia de verano que estamos analizando encontramos algunos de estos rasgos en perfecta combinación con el sistema popular de construcción elegido. Los grandes paños de vidrio, asociados generalmente a construcciones tipo contrapuestas a la tradición, son encajados hábilmente en los rudimentarios alzados de troncos de madera ofreciendo desde el interior una imagen enmarcada del extraordinario paisaje. Las plataformas, escalonadas y superpuestas frente a las cabañas, pueden llevarnos a pensar en las diseñadas por Mies para alguno de sus proyectos.[10]

---

9. Por su gran parecido, la perspectiva realizada por Heikki y Kaija Siren para el concurso de esta capilla pudo estar inspirada en la realizada por Mies en 1937 para la Casa Resor.
10. Se debe destacar que la aceptación en Finlandia de los modelos arquitectónicos desarrollados por Mies supuso una verdadera liberación para estudiantes y arquitectos. En el Politécnico de Helsinki, hasta la década de los 60, existía cierto rechazo hacia su arquitectura y los estudiantes que trataban de imitarlo eran criticados. En este sentido, según Asko Salokorpi, en escasas o nulas ocasiones Alvar Aalto dedicó algún comentario a la

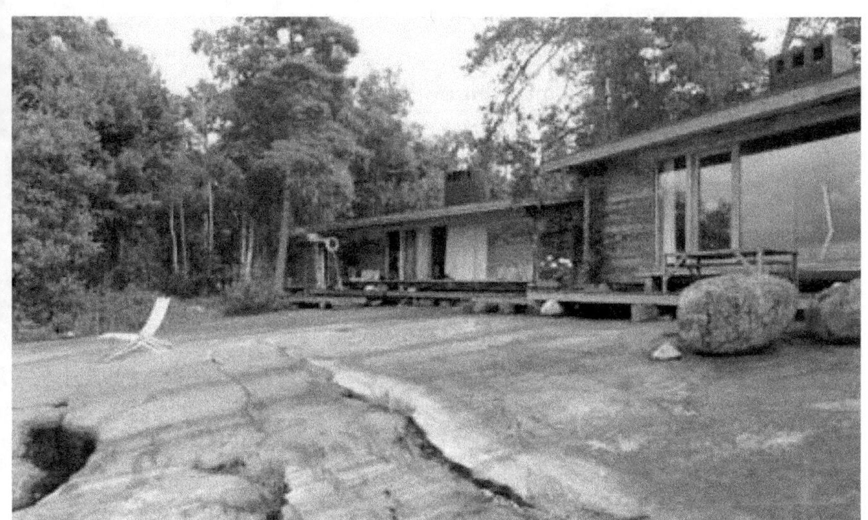

(7)
Residencia de descanso
en Lingonsö

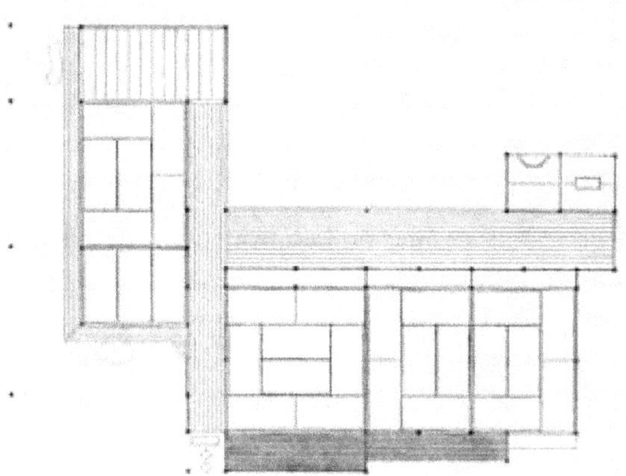

(8)
Pabellón Rin-un-tei en la Villa
Imperial Shugakuin, Kioto, s. XVII

La afinidad de los Siren hacia la obra de Mies van der Rohe puede servir para establecer un puente entre la obra de la pareja finlandesa y el tipo de arquitectura japonesa más difundido hasta la primera mitad del siglo XX: la casa y el pabellón de té.[11] Sin embargo, como ya se ha anotado anteriormente, estaban interesados por un estado más primitivo de la cultura arquitectónica global. El interés mostrado por ellos hacia el libro de Bernard Rudofsky *Architecture without Architects*, ejemplar que no solía faltar en su mesa de trabajo, confirma su atracción hacia un estado primigenio de la práctica constructiva.[12] A pesar de no haber viajado al país nipón hasta los años 70, una década después de la ejecución de su residencia estival, su inclinación hacia esta tradición encuentra su origen en el principio esencialista que tanto su arquitectura como la japonesa compartían. En este sentido, al afinar nuestra visión sobre la casa descubrimos con facilidad matices que no reconocemos como nórdicos. En primer lugar, las ya citadas plataformas que rodean el conjunto y le aportan cohesión, superan en dimensión y número a las que popularmente han sido utilizadas en la cultura finlandesa. Su disposición, recorre y articula de un modo hábil todas las piezas haciéndonos recordar distribuciones orientales como las utilizadas en Villa Katsura o en el Pabellón Rin-un-tei.[13] Asimismo, acompañadas estas plataformas de continuos aleros que las protegen, originan ámbitos más propios de un engawa japonés que de un porche finlandés. La misión protectora de estos espacios previos ha sido mejorada con la adición de otra más contemplativa y propia de la tradición oriental, facilitando así un contacto directo con el entorno y una apropiación del espacio natural exterior.

Los grandes huecos recortados en la construcción de troncos también participan de esta función meditativa del espacio arquitectónico. En la capilla de Otaniemi, Heikki y Kaija Siren proyectaron sobre el exterior valores religiosos y místicos, produciendo un emocionante intercambio

---

figura de Mies van der Rohe. Cfr. Asko Salokorpi, *Modern architecture in Finland*. Londres, Weidenfeld and Nicolson, 1970, p. 51.

11. Cfr. Werner Blaser, *West meets east - Mies van der Rohe*. Basel, Birkhäuser, 2001.

12. Información obtenida en la entrevista mantenida el 28-02-2011con Jukka Siren, hijo arquitecto de Heikki y Kaija Siren.

13. Ambos en Werner Blaser, *Japanese temples and tea-houses.* New York, F. W. Dodge Corporation, 1956, p. 127.

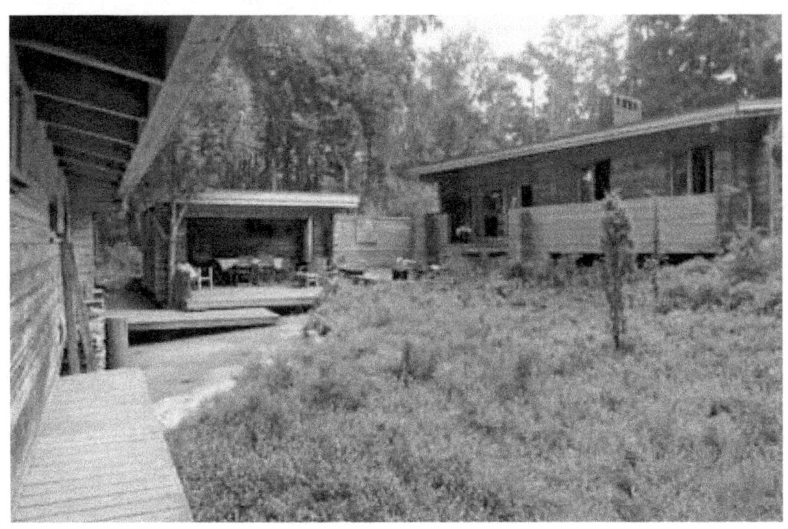

(9) y (10)
Residencia de descanso
en Lingonsö

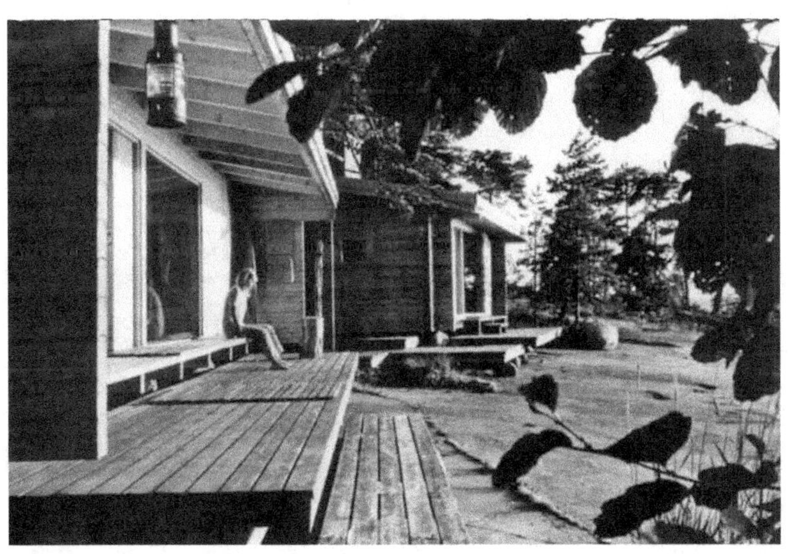

entre espiritualidad y naturaleza. De un modo similar, en su residencia de verano el medio circundante es asumido como protagonista. Desde el interior se puede disfrutar sin interrupciones de los elementos del paisaje finlandés: bosque, cielo, mar, roca, sol, etc., y proyectar sobre ellos valores de tipo personal y reflexivo. Este vínculo entre medio natural y nociones propias de la condición humana se ha ido desvaneciendo progresivamente dentro de la cultura occidental, sin embargo, tanto en la oriental como en este proyecto, se ha mantenido esta originaria relación entre ambos.[14]

Los espacios exteriores de esta casa pueden utilizarse también para explicar la importancia de la tradición japonesa en el proyecto. Nos encontramos con dos ámbitos configurados y definidos a partir de los volúmenes construidos que juegan un papel relevante en el diálogo con el entorno. Se trata del patio semiabierto fruto de la organización en "U" de la residencia y del espacio rocoso previo frente al mar abierto. En ambos, el principio definido en el Sakutei-Ki de equilibrio inestable ligado al desorden y a la belleza imperfecta de la naturaleza se hace palpable. La relación entre hombre, cielo y tierra propia de esta noción es especialmente apreciable en esta construcción, protegida pero al mismo tiempo expuesta al orden natural. Son distinguibles otros conceptos derivados de la disciplina paisajística japonesa como el Yohaku no bi, propio del Karesansui. La belleza e importancia del vacío que defiende esta noción, así como lo es el silencio para la música, son extrapolables a los espacios abiertos de la construcción, especialmente al que se encuentra frente al mar. Aquí, una extensa superficie pétrea, levemente inclinada y con alguna roca dispersa, transmite la quietud y equilibrio representativos de este principio.

La enigmática ambigüedad que presenta este proyecto proviene de su doble condición. Como nos recuerda Juli Capella refiriéndose al pensamiento del escritor catalán Joseph Pla: "lo más local acaba siendo lo más universal".[15] En el localismo de las culturas finlandesa y japonesa

---

14. Jukka Siren confirmaría el especial interés de su padre por esta noción de espiritualidad o religiosidad en la naturaleza. Jukka destacaría la ausencia de religiosidad ortodoxa de su padre en favor de un sentimiento panteísta. Op. cit. 12.
15. Cit. *Diseño textil Moda Arquitectura. Marimekko*. Catálogo del Programa de exposiciones 2005. Ciclo de primavera: la casa del arquitecto, Madrid, Ministerio de Vivienda, p. 40.

se produce una sutil aproximación que la pareja de arquitectos supo aprovechar. Al producir una fusión natural y original de las dos se convierten ambas, y el resultado de su unión, en eventos universales. Existen otros escenarios comunes, además de los citados anteriormente, que acercan ambas tradiciones. La sauna y el furo, o baño japonés, el valor excepcional asignado al medio natural y el gusto por la artesanía en general y la realizada en madera en particular son importantes en la comprensión de esta proximidad. La actual pasión y dependencia de la tecnología también nos sirven para hablar de cierto paralelismo, así como otros de carácter inmaterial, relacionados con actitudes sociales y valores morales.

Derivado en parte de las relaciones sociopolíticas establecidas entre Finlandia y Japón, surgió en 1974 y 1976 el encargo por parte de Yoshiaki Tsutsumi a Heikki y Kaija Siren de dos proyectos: el restaurante "Utsjoki" en Karuizawa y el Club Deportivo de Onuma en Hokkaido.[16] En esta ocasión, los Siren advirtieron la oportunidad de experimentar con la originaria arquitectura nipona que tanto les había atraído. El objetivo expreso del cliente era, sin embargo, erigir allí construcciones de carácter finlandés. Estos dos trabajos no supusieron solo para ellos la oportunidad de visitar por primera vez aquel país. La peculiaridad del encargo permitió a la pareja constatar de primera mano las ideas empleadas en su propia residencia y trabajar de nuevo en una arquitectura a caballo entre estas dos alejadas tradiciones. Su capacidad para conseguir aunar ambas herencias fue tal que en el caso concreto de Onuma, una vez concluida su construcción, los japoneses pasaron a encasillar los edificios como propios de una estampa nórdica mientras que cualquier otro foráneo no los identificaba como ajenos al país en el que la encontraban.[17] El deseo manifestado por el empresario adquirió tal magnitud que ambos conjuntos llegaron a ser elaborados y ensamblados previamente en el pueblo de Ivalo, en Laponia. Las obras fueron coordinadas por la pareja de arquitectos y asistentes locales. Se transportaron desmontados y los dos complejos fueron definitivamente

16. Yoshiaki Tsutsumi fue un destacado empresario japonés, propietario de la compañía Seibu y amante confeso de la cultura finlandesa.
17. Cfr. «Golf Centre» en *Arkkitehti* 2-1982, Helsinki, The Finnish Association of Architects / SAFA, 1982, p. 44.

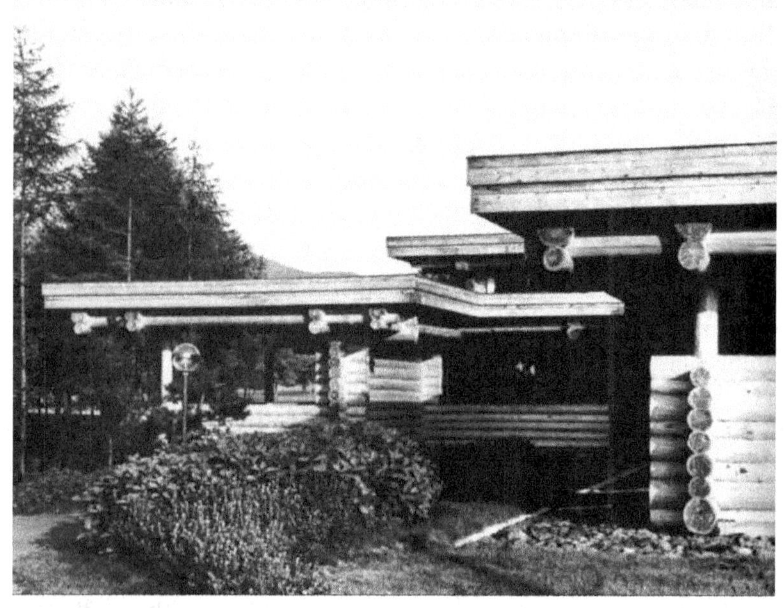

(11)
Restaurante "Utsjoki" en Karuizawa, 1974.
Heikki y Kaija Siren

(12)
Club Deportivo en Onuma, Hokkaido, 1976
Heikki y Kaija Siren

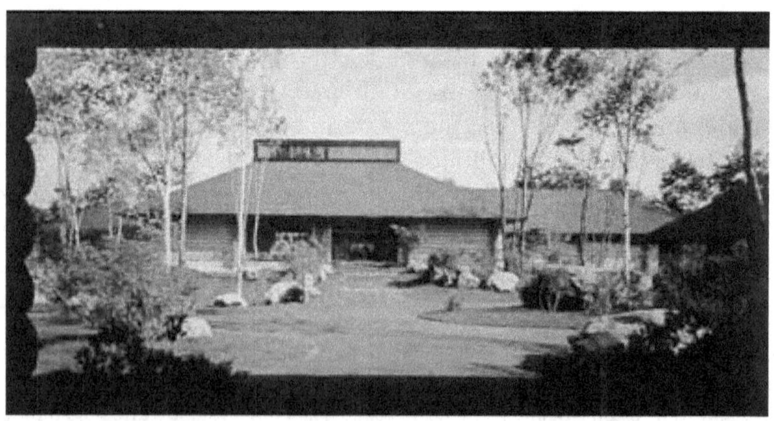

montados por un equipo de artesanos nipones y otro de finlandeses allí desplazados. Este trabajo conjunto de diferentes maestros carpinteros sirvió para constatar de modo palpable la cercanía en sus estadios más originales de ambas culturas constructivas.[18]

En 1969, como culminación de su residencia vacacional, Heikki y Kaija Siren realizaron en la misma isla un pabellón de descanso. Esta pequeña obra se encuentra en la orilla opuesta al resto del conjunto, en la cara noroeste de la isla. Emplazado en un terreno rocoso, despejado de vegetación y a medio camino entre el mar y el bosque, el acceso a esta construcción debe realizarse a pie, a través de un estrecho sendero que cruza toda la isla. Será en este proyecto donde, a pesar de su reducido tamaño y el escaso número de elementos empleados, se alcanzarán una condensación y expresividad máximas.

Sabemos que la pareja estaba profundamente interesada en las experiencias más ancestrales tanto de su país y como de otras culturas. Jürgen Joedicke escribió: "La arquitectura autóctona anónima es uno de los recursos de inspiración para ambos arquitectos. Lo que encuentran fascinante en ella no es simplemente su simplicidad y originalidad sino su poder creativo, su certero instinto".[19] Al mismo tiempo mantuvieron una constante preocupación por alcanzar una arquitectura esencial. Sobre el deseo de fusionar estos dos objetivos nació este pabellón, y los cuatro pilares-tronco son los que mejor representan esta aspiración. A pesar de su sencillez, los soportes han sido descritos como una alusión directa al bosque y a la grandiosidad del entorno, sin embargo, su apariencia tosca y natural transmite una sinceridad constructiva propia de la tradición finlandesa.[20] Resulta interesante recordar tam-

18. A este respecto debemos destacar la similitud existente entre ciertas construcciones japonesas de estilo *azekura* como el Shosoin del Tesoro de Todai-ji en Nara y el sistema constructivo típico de la casa finlandesa a base de troncos blocados.
19. Op. cit. 7, p. 8.
20. Esta interpretación queda aún más fundamentada al descubrir la reconstrucción de la granja de Niemelä, en el museo al aire libre de Seurasaari. El pabellón está realizado de un modo análogo y casi idéntico al porche de acceso de esta granja. Podemos encontrar más alusiones en la historia moderna de la arquitectura finlandesa a este tipo de soportes. Los descubrimos en obras de Alvar Aalto como el pabellón para la Exposición Universal de Paris de 1937, las Casas Estandarizadas de Asevelikylä de 1941 o el refugio Korpikoto de 1945.

bién una de las tipologías más primitivas y pintorescas de este país:
el cobertizo del barco de misa o *kirkkoveneet*.[21] Estaban destinados a
alojar la embarcación que servía para desplazar a los habitantes de su
isla de origen a aquella en la que se llevaban a cabo las celebraciones
religiosas. Su configuración y sus características permiten realizar una
aproximación entre estas construcciones y el pabellón que estamos
analizando. En los dos casos encontramos un emplazamiento particu-
larmente próximo a la orilla, una disposición completamente abierta por
los cuatro lados y un rudimentario pero cuidado ensamblaje.

Sin apenas programa ni condicionantes previos, enfrentarse a un proyecto como este implica trabajar bajo un situación de sugerente libertad. Los recursos empleados pueden ser llevados por sus creadores
al extremo, pudiendo alcanzar así una condición de plena abstracción.
En este caso, la obra se definirá únicamente en base a cuatro sencillos
elementos: los gruesos soportes, la caja de vidrio, y dos piezas horizontales de geometría precisa, la cubierta y la plataforma base, en las que
apenas apreciamos interrupción material o formal. Esta búsqueda del
estado ideal a través de formas, acabados y materiales, vuelve a tener
como referente a Mies van der Rohe, pues la geometría y configuración
de este pabellón recuerda a los objetivos perseguidos por éste en algunos de sus trabajos.

En este reducido proyecto, la figura del paisaje exterior aparecerá de un
modo aún más trascendente. Sabemos que, los soportes realizados sin
apenas tratamiento a base de troncos de pino, han sido interpretados
en algunas ocasiones como una introducción o evocación de la naturaleza dentro de la construcción. Si en su residencia de verano los Siren
la introducen de un modo parcial y enmarcado, fijando por separado
la atención en diferentes escenarios, en este caso será tratada de un
modo íntegro y totalitario. La envolvente, completamente transparente
del pabellón, permite un contacto directo, sin trabas ni interrupciones
con todos los elementos del paisaje. Recordándonos de nuevo a la
capilla de Otaniemi, Helmut Borcherdt escribió:

21. *Cfr*. James Maude Richards, *800 years of finnish architecture*. David & Charles. London
1978, p. 108.

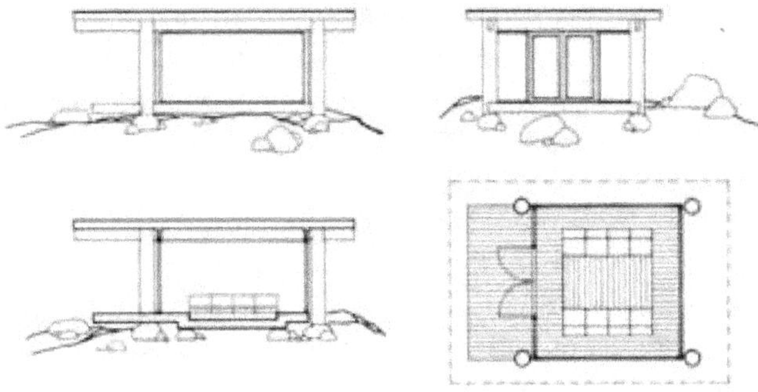

(13) y (14)
Pabellón de descanso
en Lingonsö

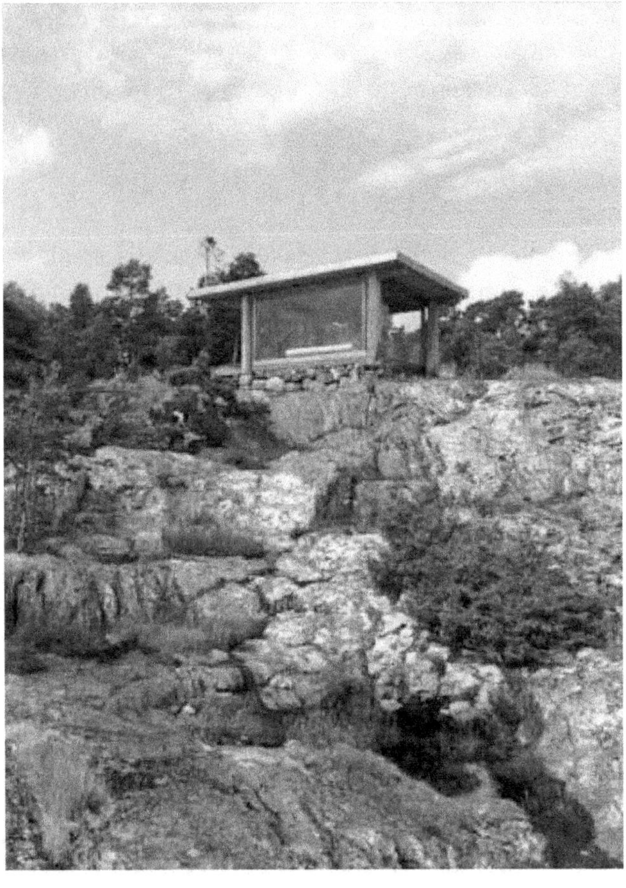

> *"Es este pabellón, [...] un lugar donde naturaleza y hombre se encuentran. Un lugar donde el hombre se conoce a sí mismo, protegido del viento y el frío. Aquí puede meditar, observar la luna y las estrellas, oír como rompen las olas contra las rocas."*[22]

Para los Siren, la combinación de arquitectura y naturaleza en este proyecto llegó a alcanzar también valores espirituales. Como consecuencia, y de un modo familiar, acabaron refiriéndose a él como el pabellón capilla o simplemente como la capilla. A tal punto llegará esta trascendencia religiosa que fue en esta mínima construcción donde contrajo matrimonio una de las hijas de la pareja. Helmut Borcherdt volvería a escribir:

> *"La importancia intrínseca de esta capilla en Lingonsö radica en que la espiritualidad ha afectado la materialidad. Solo en este sentido puede ser explicado el poder transmitido al visitante. Desprovisto de símbolos sagrados, el edificio se transforma en una capilla, en un lugar para lo trascendental [...] donde el visitante experimenta los sentimientos de liberación y elevación."*[23]

Por otro lado, un aspecto que no debemos olvidar son las referencias clásicas que el pabellón destila. Tanto su emplazamiento dominante sobre el territorio, como su *pronaos* y su transparente *cella* aluden a esta alusión a la antigüedad. La adintelada solución constructiva y los sobrios soportes, casi toscanos, evocan al origen lígneo de los órdenes apuntando, sin duda, hacia una formación de sus creadores en el más refinado clasicismo.[24] Sumado a ello destaca también la influencia de lo oriental, la horizontalidad del pabellón, su elevación sobre la superficie y los bancos corridos dispuestos como tatamis sobre el suelo interior aluden a ello. Al mismo tiempo, su configuración no se distancia mucho de la adoptada por la cultura japonesa en la puerta de acceso a los santuarios sintoístas, los *torii*. No solo su construcción nos recuerda

---

22. Op. cit. 5, p. 16.
23. Op. cit. 5, p. 16.
24. Ambos arquitectos reconocieron a J. S. Siren, padre de Heikki y representante destacado del clasicismo moderno finlandés, como su principal profesor e instructor.

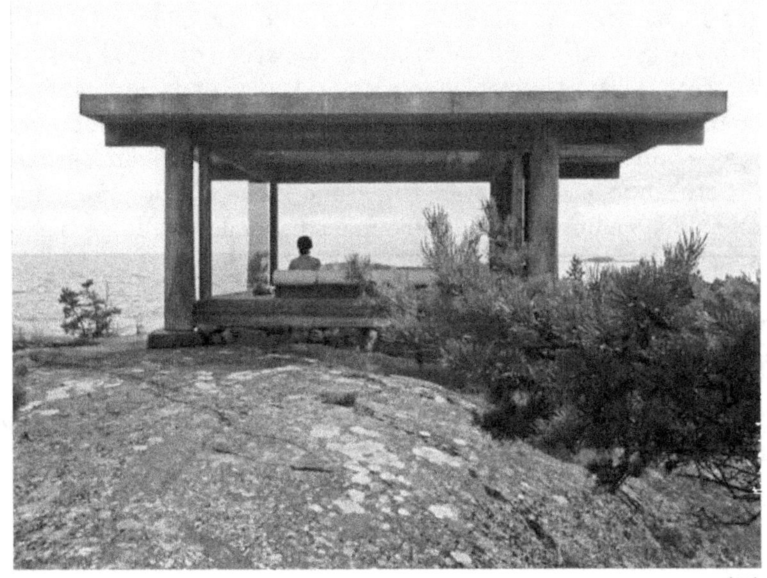

(15)
Pabellón de descanso
en Lingonsö

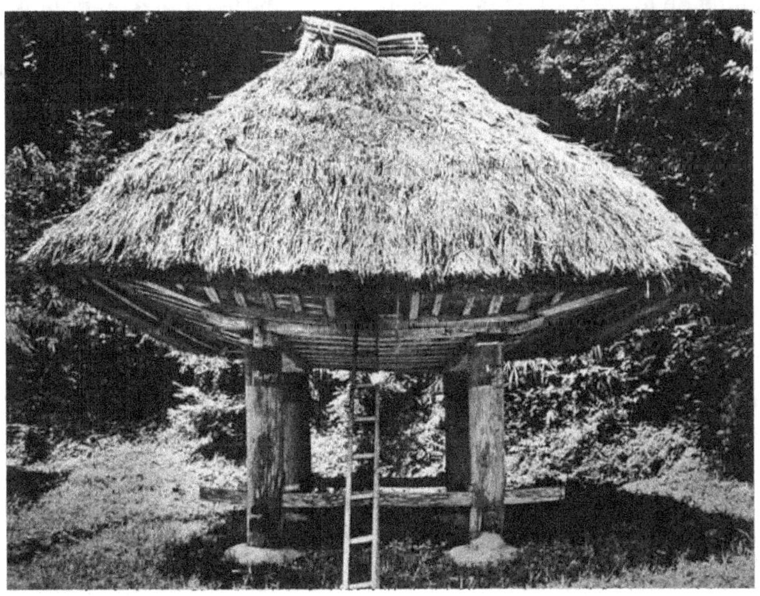

(16)
Takakura tradicional, Amami.

a estos elementos sino que su emplazamiento, como umbral de paso
hacia lo sagrado, la isla y su naturaleza, nos evoca de nuevo a estas
entradas y a la visión que del medio natural como espacio trascendente compartían los arquitectos con esta cultura. El camino a recorrer
entre este punto y la casa se realiza por un estrecho camino serpenteante, cruzando la isla a través de la frondosa vegetación. Su configuración no dista mucho de la establecida en aquellos santuarios para
llegar al templo desde el *torii*.

Finalmente debemos hacer referencia a cierta arquitectura oriental que
ha resultado menos atendida. Hablamos de una arquitectura de perfil
rural que apenas fue difundida ni investigada hasta que los más conocidos casa y pabellón de té japoneses fueron explotados y superados
en el siglo XX. En los años 60 y especialmente en los 70, tras el interés
surgido hacia arquitecturas aún más enraizadas y desconocidas, la
cultura nipona tuvo aún mucho que aportar al respecto. Entre estas
arquitecturas menos divulgadas encontramos tipologías rurales des-
tinadas al almacenamiento de productos locales, los graneros. Dentro
de su diversidad, una de sus tipologías más extendida en las islas de
Amami son los *takakura*. Estas sencillas construcciones disponen de
la zona de almacenamiento elevada en una primera planta para prote-
ger el grano de humedad y animales. La planta inferior queda completamente libre, un espacio acotado y protegido con la simple presencia
de cuatro gruesos pilares circulares. Es innegable que su configuración es muy similar a la del pabellón pero tampoco podemos afirmar
que se trate de una referencia directa puesto que no se ha encontrado
ninguna constancia al respecto. Casual o no, la similitud es palpable y
supone de nuevo una prueba de la cercanía entre ambas tradiciones.
Heikki y Kaija Siren así lo reconocieron haciendo uso de ello en su residencia, en el pabellón y en sus proyectos de Karuizawa y Onuma.

Nos encontramos ante un conjunto construido que, como sus propios
creadores pretendían, se ha convertido en "un escenario para la vida
humana". Un proyecto que, a pesar de su origen basado en unidades
menores, acaba adquiriendo una entidad mayor sin llegar a perder la
esencia de la más pequeña de sus partes. Pese a su dimensión final,
continuará manteniendo la condición de refugio desprovisto de ener-
gía eléctrica, medios de comunicación actuales o cualquier otro tipo de

invención moderna que pueda interferir en una verdadera convivencia con el lugar. Los Siren consiguieron combinar en un estado original, tanto en la concepción como en la materialización, dos culturas constructivas distantes. El pabellón de descanso por separado aparece como una obra de extraordinario poder intrínseco, como un verdadero condensador de fuerzas. Una construcción latente que aparece y desaparece en el paisaje, capaz de emocionar y tranquilizar al visitante. Una obra que acabará aunando en su simplicidad y reducido tamaño toda la intensidad y la poesía fruto de la combinación de la modernidad con las dos tradiciones de las que es heredera.

H

SVERRE FEHN.
CASA SCHREINER, 1959.
Un homenaje a Oriente

Julio Grijalba

PAISAJE Y EMPATÍA

Referirse a Noruega lleva inevitablemente a pensar en su paisaje como
una lejana tierra que no se deja dominar, y hablar del paisaje en Noruega es nombrar inmediatamente a Dhal.

Johan Christian Clausen Dahl estuvo dotado de un enorme talento
desde su juventud. Sus capacidades artísticas fueron tempranamente
reconocidas por sus conciudadanos de Bergen. Por ello, consiguió una
beca financiada por un un selecto grupo de protectores que sufragó
sus estudios en la importante Academia de Copenhague, y allí permaneció desde 1811 hasta 1817. Así compaginó sus estudios y trabajos con
ciertas labores docentes en la escuela de pintura de C.A. Lorentzen.

En 1818 se trasladó a Dresde y allí pudo entrar en contacto con Caspar
David Friedrich. Con él llegó a entablar una profunda relación de mutua
influencia. En la calle An der Elbe n° 33 compartieron estudio, trabajo y
vivencias, de modo quela actitud contemplativa y subjetiva de Friedrich
caló en el alma romántica de Dahl. A partir de 1825 Dahl comenzó la
producción de numerosas pinturas sobre temas noruegos, concediendo una importancia trascendental a una nueva y sensible atención hacia
el paisaje de su tierra natal, que resultó finalmente revolucionaria.

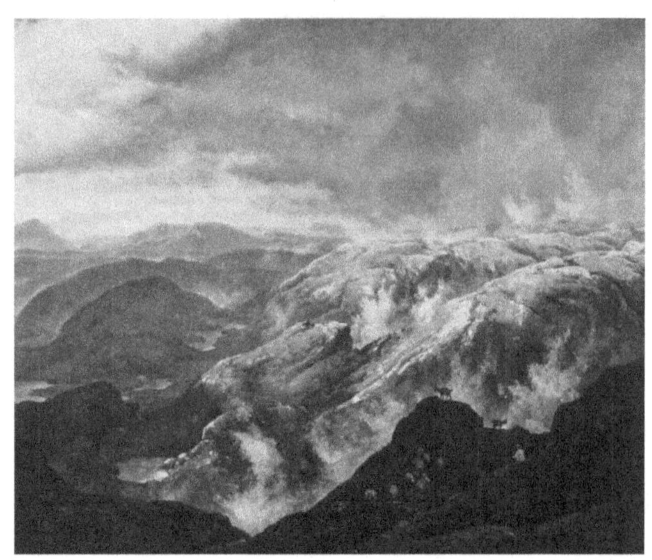

(1)
Lyshornet bei Bergen
Johan Christian Claussen Dahl 1836

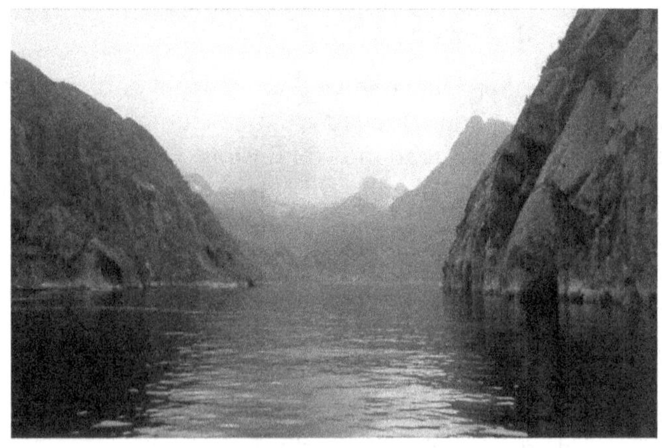

(2)
Fiordo del Troll, Noruega
Foto: Ricardo Muñoz Nieva

Su compromiso intelectual le llevó a participar en dos empresas fundamentales para la cristalización de lo que quería que fuese una cultura auténticamente noruega: la lucha por dotar de una suficiente protección a los monumentos de su país y la creación de la Galería Nacional de Arte Noruego en Oslo, a la que contribuyó con gran parte de sus obras y dibujos.

Desde las decisivas aportaciones de Edmund Burke,1 el paisaje puede ser percibido con una nueva dimensión, principalmente a través de alguna característica que lo hace irresistiblemente atractivo. Con el desarrollo de la teoría de lo sublime, una renovada definición de la belleza se abre camino: lo infinitamente grande en la naturaleza, frente a la que el ser humano, infinitamente pequeño, desarrolla un sentimiento de grandeza moral que puede llevar al estremecimiento.

A partir de Dahl, sin duda conocedor del sentido de lo sublime en el arte, la valoración del paisaje noruego sufrió una transformación radical. A Dahl se debe, como creador de una especial empatía con su entorno, la atención a una nueva sensibilidad orientada hacia el medio natural noruego. El paisaje adquiere así, la condición de categoría estética. Noruega pasa de ser sentida tan sólo como una tierra inhóspita y de barbarie, a impactar por lo que tiene de sublime. La relación del hombre y la arquitectura con el paisaje en Noruega se modificó con ello definitivamente.[2]

La esencia misma del genoma noruego será desde entonces trasmitida a través de un accidente geográfico muy concreto: el fiordo. El fiordo noruego es portador natural de todos los elementos sustantivos que conforman el paisaje. Construye una interrelación muy precisa entre la montaña, el valle y el agua. Sin embargo y por otra parte a lo largo de un período muy extenso de la historia, y a gran distancia geográfica, esta tríada de componentes físicos impregna toda la tradición de la pintura china, hasta el punto que a la pintura paisajista se le denomina en chino mandarín, "pintura de montaña y agua".

---

1. La definición de lo sublime es incluso anterior a las aportaciones de Burke, como puede consultarse, por ejemplo, en la carta que desde Turín John Dennis relata el 2 de octubre de 1688 sobre su paso por el monte Aiquebetette. Cfr. Alain Roger, *Breve Tratado del Paisaje*. Ed. a cargo de J. Maderuelo, Ed. Biblioteca Nueva, Madrid. 2007. p. 111.
2. En el siglo XX será Christopher Hussey quien basándose en las definiciones de Edmund Burke, atribuye a lo sublime siete cualidades que lo caracterizan: oscuridad, poder, privaciones, inmensidad, infinitud, sucesión y uniformidad.

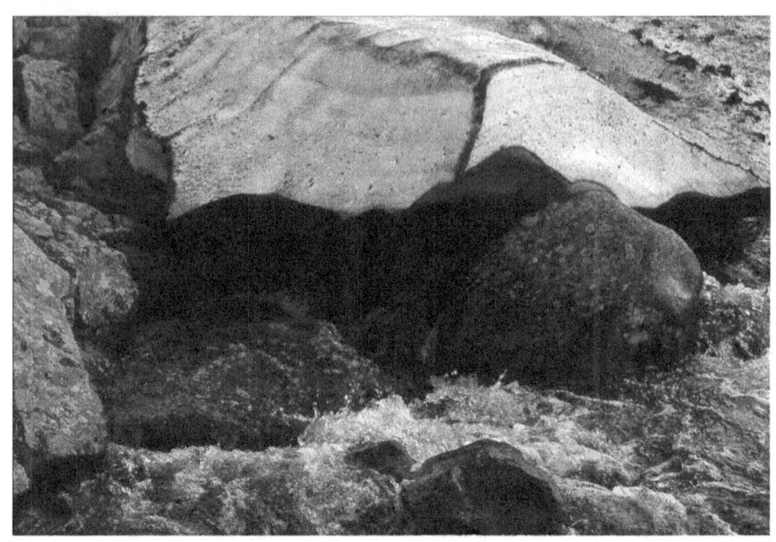

(3)
Detalle de paisaje noruego

(4)
Casa Schreiner, 1963
Sverre Fehn

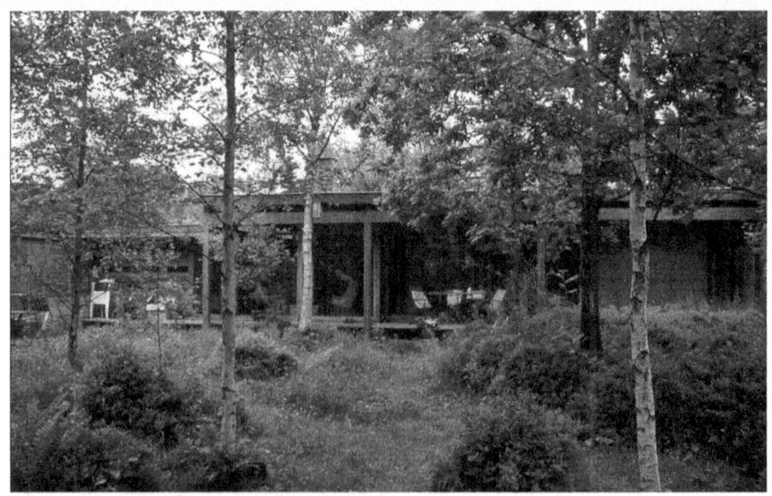

Así, en el mundo simbólico chino,

"El vacío tiene una representación concreta: el valle. Es hueco y aparentemente vacío, pero hace crecer y nutre todas las cosas; lleva todas las cosas en su seno y las contiene sin dejarse nunca desbordar ni extinguir."[3]

Quizá por ello, podemos comprender, el significado decisivo de las obras de artistas como Shitao, famoso pintor de principios de la dinastía Qing (siglos XVII-XIX) y autor del célebre tratado *Palabras sobre pintura*.

Observando atentamente el paisaje noruego y la pintura de Shitao, existe un paralelismo sorprendente entre los paisajes que tienen como tema central el río Li, y la naturaleza esencial del paisaje con fiordo que Dahl retoma con entusiasmo. En ambos el agua no es sino aliento de vida.

Son muchas las contaminaciones y paralelismos complejos que pueden adivinarse entre la vocación romántica de las narraciones en la pintura con posterioridad a Dahl, y el espíritu oriental que desde China pasa, a partir del siglo XII, a Japón. Pero entre ellas, hay una que llama la atención, es la derivada del "sentido del cambio" como esencia de la representación de la vida y de "los ciclos" como visión del tiempo que se deposita y continúa.

El tipo de mutaciones permitidas son aquéllas en las que la armonía, la metamorfosis y el retorno están siempre presentes.[4] De este modo, no es de extrañar que en un país con una climatología tan rigurosa como la de Noruega, la atención a los cambios que se producen en su suelo se personifique en los estratos superpuestos cambiantes: el negro de la roca que aflora, el verde de una vegetación que renace cada año y el blanco de nieve que con sus mil matices todo lo cubre. El suelo adquiere así un papel trascendental y todo está teñido de un respeto que debe garantizar la permanencia de los ciclos, representados en la superposición de estos estratos a lo largo del tiempo sobre la corteza terrestre. Una corteza que debe de ser conservada, no alterada, para finalmente erigirse en símbolo de una determinada comunión con lo natural.

---

3. Cit. en François Cheng. *Vacío y plenitud*. Ed. Siruela, Madrid. 1993. p. 82.
4. Cfr. Luis Racionero. *Oriente y Occidente. Filosofía oriental y dilemas occidentales*. Ed. Anagrama. Barcelona. 2001. p. 55 y ss.

Los hielos casi perpetuos de Noruega son, de este modo, la esencia original y las rocas representan las líneas internas de una narración a modo de poema visual definido a través de un paisaje montañoso a preservar.

Nuevamente podemos acudir a un hermoso principio taoísta que nos permite comprender la importancia de este respeto reverencial hacia la naturaleza que llega a adquirir tintes sagrados, es el principio *Wu wei* o principio de la "no acción" que impregna la esencia del jardín chino. La necesidad de actuar para encauzar y acentuar las leyes profundas de la naturaleza aunque esto signifique la intervención humana, para conseguir alcanzar esa consonancia. El ideal taoísta es el acercamiento a lo natural como pauta ética de las actitudes humanas. La apropiación del paisaje, que debe ser cauce y no presa, está subordinado al respeto por la vocación del lugar o sencillamente por la receptividad hacia el efecto encontrado.[5]

SUPERPOSICIONES

De 1959 a 1963 Sverre Fehn trabaja en la construcción de la pequeña casa Schreiner. La casa está situada en medio del bosque, en una zona elevada al norte de la ciudad de Oslo y sumergida en plena naturaleza noruega. El tamaño de la vivienda se corresponde con la necesidad de ajustarse a un presupuesto muy reducido, y al pequeño programa residencial de una familia formada por cinco miembros.

La primera impresión que se tiene de la casa, sobre todo si nos aproximamos a ella desde el jardín, es la de una construcción que se presenta con un intencionado sentido de mínima intervención, produciendo por ello un sorprendente impacto. La casa flota sobre el manto verde que todo lo cubre, pero lo hace a escasos centímetros del suelo. Es como si no quisiera alterar la corteza terrestre en una actitud de respeto casi reverencial. El estrato correspondiente a la superficie de la tierra repre-

---

5. Cfr. François Julián. *Elogio de lo insípido*. Ed. Siruela. Madrid. 1998. p. 32 y Fernando Espuelas. *El claro en el bosque*. Ed. Fundación Caja de Arquitectos. Barcelona. 1999. p. 101 y ss.

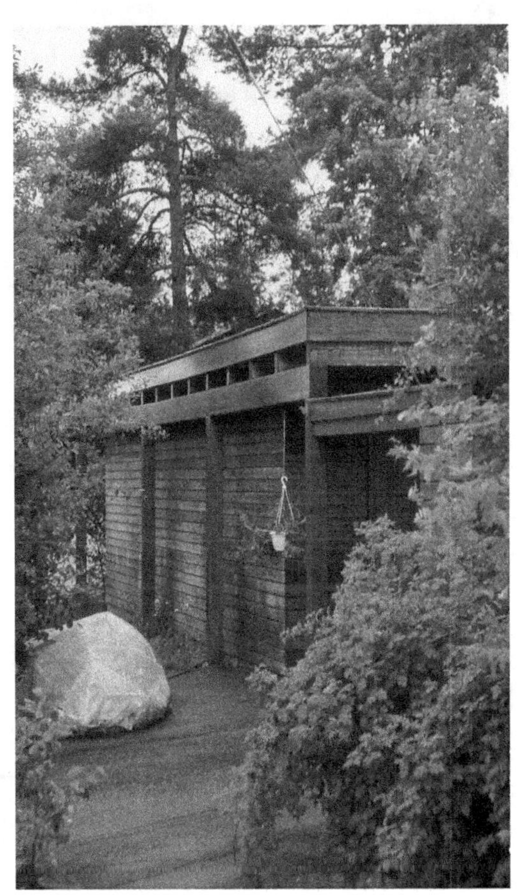

(5) y (6)
Casa Schreiner, 1963
Sverre Fehn

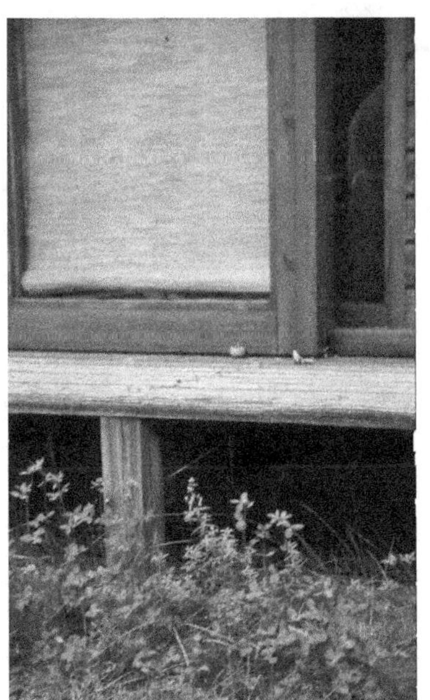

senta el valor esencial del cambio y por ello vinculado al paso del tiempo materializado en los ciclos. No debe modificarse con la intervención del hombre. Así, el proyecto se impregna, desde las primeras decisiones, asociadas al apoyo de lo edificado sobre el terreno, en el principio de "no acción" de claras raíces orientales.

Fehn, en la entrevista concedida a Mathilde Petri,[6] reconoce la influencia que la arquitectura japonesa ejerció sobre él y su manera de entender la relación con la naturaleza, por lo que no resulta extraño que Kenneth Frampton titule la casa Schreiner como un homenaje a Japón.

Es interesante reflexionar sobre la discreta pero frecuente presencia de lo oriental, y más concretamente de lo japonés, en importantes obras de los maestros nórdicos. Quizá Villa Mairea, obra de Alvar Aalto, construida entre 1938 y 1939 en Noormarkkü, pueda considerarse el ejemplo más paradigmático de esta compleja influencia, visible en el porche de acceso, el jardín de invierno, la sauna o el tratamiento de la terraza. Sin embargo, en la casa Schreiner, Fehn se desliza por una evocación aparentemente literal pero que resulta, al fin, tremendamente refinada.

La casa japonesa representa la esencia de una manera de entender el mundo, y de cómo desplazarse por él, como de puntillas, por lo que presenta muchas analogías con la manera de construir las suelas del calzado tradicional japonés. Con las sandalias japonesas, como relata Bruno Taut,

> *"no se pisa con la suela, sino que en cierto modo, se va flotando por encima del suelo, como sobre zancos, y cuando se entra en casa, uno se las quita inmediatamente y sube el escalón de entrada".[7]*

También la pintura del paisaje, especialmente la de origen chino, recoge estas cuestiones que toman forma y se materializan en torno a otro concepto: el principio *Yinxian*, o cómo poder fundir lo invisible con lo visible. Como ya se ha comentado esta idea se aplica en la pintura

---

6. Cfr. Mathilde Petri. "Entrevista a Sverre Fehn", en revista *Skala*. n° 23. 1990. Cit. en Christian Norberg-Schulz y Genaro Postiglione. *Sverre Fehn. Opera completa*. Ed. Electa. Milano. 1997. p. 252.
7. Cit. Bruno Taut. *La casa y vida japonesas*. Ed. Fundación Caja de Arquitectos. Barcelona. 2007. p. 77.

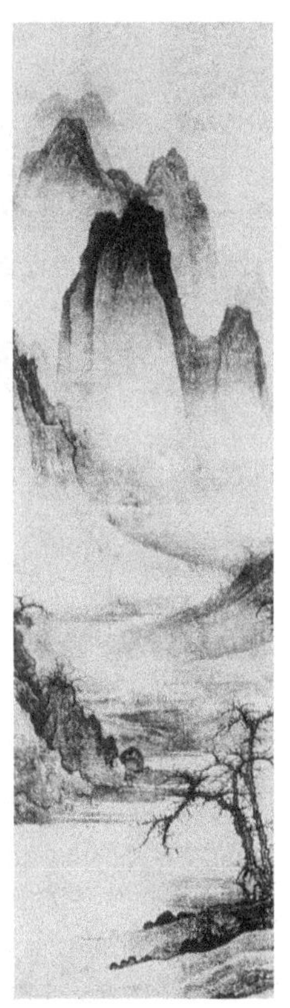

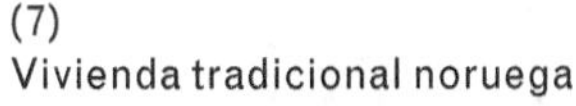

(7)
Vivienda tradicional noruega

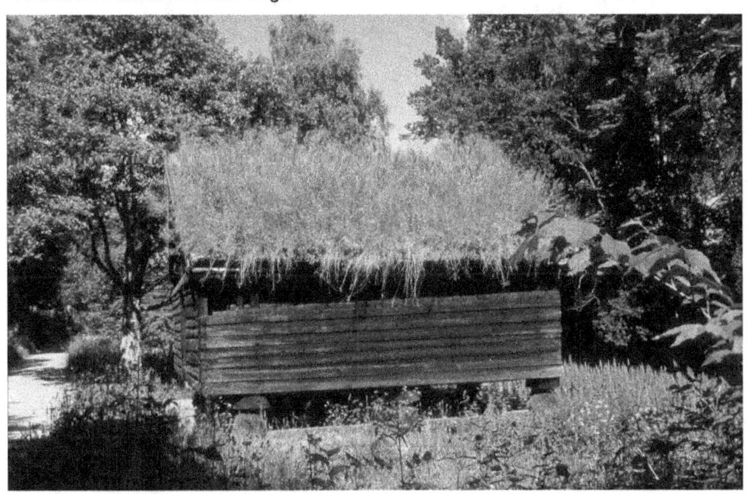

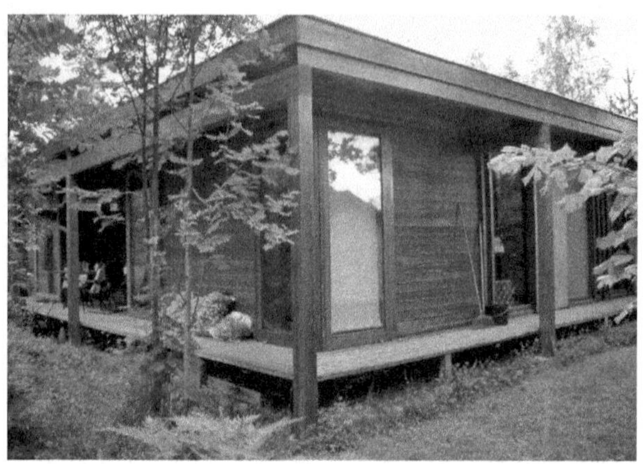

(9)
Casa Schreiner, 1963
Sverre Fehn

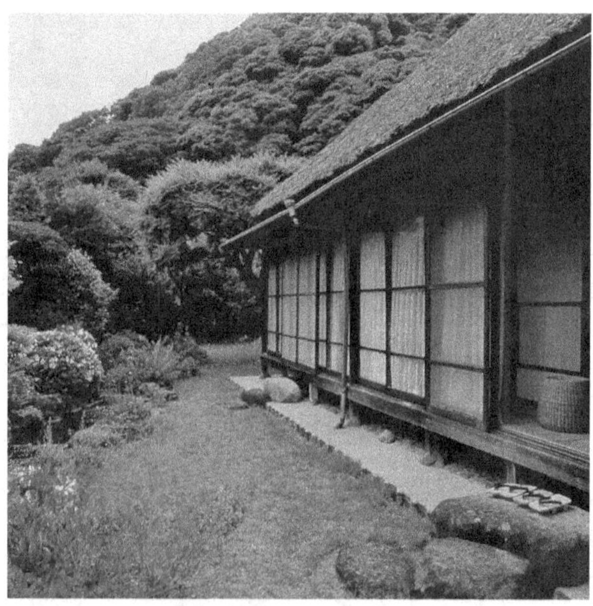

(10)
Ishidaya Hisashi

paisajista, dónde el artista debe cultivar el arte de no mostrarlo todo, con el fin de poder mantener el aliento vivo y el misterio intacto.

Esta manera de proceder lo contamina todo en Oriente, de modo que los elementos esenciales deben de estar a la vez presentes y ausentes. Una representación de este estado de cosas lo podemos ver en "El Paisaje Invernal" pintado en el siglo XIII por Li Gonguian. En él, para la representación de la niebla, del agua y de la lejanía se recurre a la visualización sólo de la parte superior de los distintos elementos que conforman la composición. Las montañas flotan. Es como si nada pudiera perturbar la condición enigmática y misteriosa del plano del suelo sobre el que nada se apoya.

También Bruno Taut, en su fundamental ensayo sobre *la casa y la vida japonesas*, traza un hermoso paralelismo entre las antiguas casas fundacionales noruegas, que se elevan del plano de apoyo, cuyo tejado está recubierto con una gruesa capa de tierra en la que crece la vegetación, y muchos sistemas de construcción tradicional japoneses, cuya similitud va más allá del omnipresente empleo de la madera. También la casa noruega flota sobre el suelo, incluso su acceso solía resolverse con la colocación de dos o tres grandes lajas de piedra a modo de escalones, que permitían dar continuidad al exterior con el interior elevado.

Basta acercarse a la casa Schreiner y subir a las dos piedras varadas junto al porche flotante del jardín para contemplar las contaminaciones, no sólo figurativas, que Fehn destila entre el mundo oriental y el mundo nórdico.

GALERÍA HISASHI. SISTEMA STAVER

El ascenso desde el jardín boscoso, descuidado quizá de manera intencionada, como si de una transición entre el bosque circundante y la casa se tratara,[8] nos depara nuevas sorpresas. La cota de acceso se

---

8. Esta sensibilidad puede verse en la definición del jardín paisajístico inglés después de las aportaciones de Lancelot Brown y en el principio esencial del jardín taoísta chino con su acercamiento directo a lo natural a través de su acomodación a las leyes de la naturaleza.

corresponde con un espacio intermedio situado entre exterior e interior a modo de porche. Sin embargo algo llama la atención poderosamente: si bien el porche recorre la práctica totalidad de la construcción, su profundidad es muy reducida, hasta el punto de prácticamente imposibilitar cualquier uso en la mayor parte de su trazado. Esta condición aparentemente distante de su sentido funcional hace pensar en una voluntad ajena a lo estrictamente doméstico, en beneficio de una visión contaminada de valores asociados a la memoria. Una memoria llena de múltiples referencias que van desde lo vernáculo, a lo ortodoxamente considerado como moderno, y donde no faltan nuevas conexiones con la fascinación que en Sverre Fehn produce la cultura oriental.

Como veremos más adelante, y de un modo más extenso, existe una apreciable influencia de Mies en la obra de Fehn, especialmente en su producción de los años cincuenta, periodo al que pertenece la pequeña casa Schreiner. Sin duda, proyectos como la residencia Okorn de 1953-55 o el pabellón de Bruselas de 1958, son una clara referencia a todo ello. Ahora bien, es cierto que en lo referente a esta pequeña construcción doméstica de las afueras de Oslo, se pueden apreciar influencias formales directas incluso de obras tan emblemáticas dentro de la producción de Mies van der Rohe, como la casa Farnsworth de 1946-1950, construida en Illinois.

Sin embargo, parece haber algo más detrás de esa primera asociación que con la arquitectura de Mies uno percibe a primera vista, y la clave parece estar en la interpretación que de la galería se proponga.

¿Por qué se construye una galería perimetral como ésta sin posibilidad casi de ser utilizada, y por el contrario tan presente? Es como si se quisiera alejar la presencia de la luz hacia el interior, atemperando extrañamente la ya de por si difusa luz del norte, con la interposición de un espacio intermedio entre naturaleza y construcción. Nuevamente se nos aparece Oriente como referencia, esta vez a través de un autor que como Tanizaki supo destilar las esencias mismas del alma japonesa.

"La galería cubierta que aleja la luz. Luz indirecta y difusa, luz gastada, atenuada y precaria."

"El brillo atemperado que evoca irresistiblemente los efectos del tiempo."

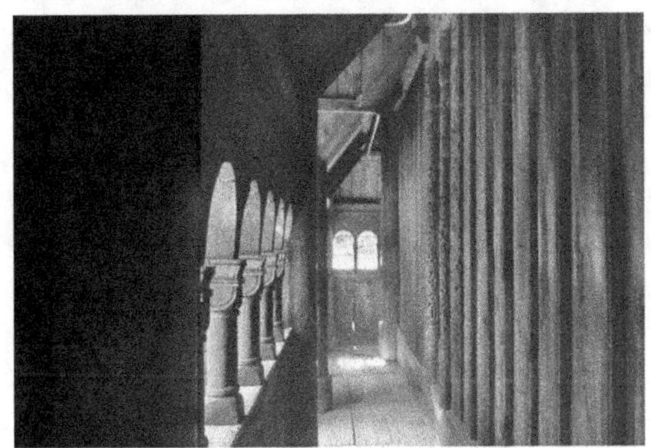

(11)
Iglesia de Gol, 1250
Oslo

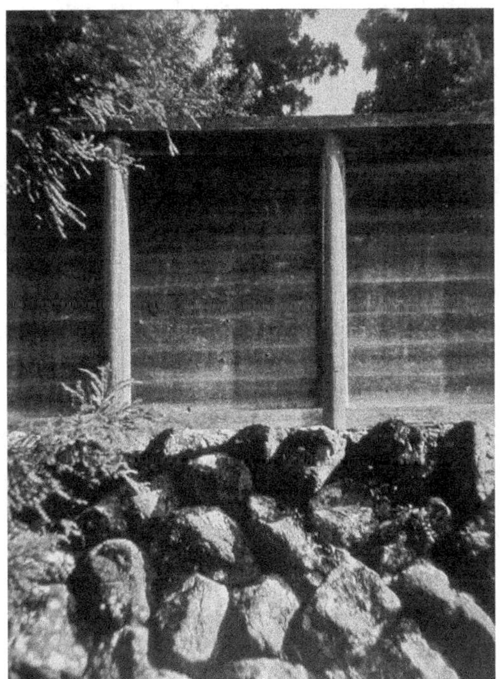

(12)
Itagaki del Naiku
Templo de Ise

"Claridad tenue, hecha de luz exterior de apariencia incierta, atrapada en la superficie de las paredes de color crepuscular y que conserva apenas un último resto de vida."[9]

Para un arquitecto noruego el conocimiento desde la memoria, orbita en torno a la aportación más compleja basada en el empleo de la madera y en siglos de artesanía y experimentación con este material. Nos referimos a las Stavkirker, o iglesias de madera. La iglesia de Gol, construida en 1250, fue trasladada a Oslo en 1885 por orden del rey Oscar II y vuelta a erigir en terrenos del Museo Folclórico Noruego de Vygdy. Probablemente la galería que circunda la iglesia fue construida, como muchas otras, con posterioridad a la edificación principal, avanzada ya la Edad Media que en Noruega se extendió hasta entrado el siglo XV. En palabras de Roar Hauglid, conservador de antigüedades nacionales de Noruega, estas construcciones religiosas, que incluyen las galerías intermediando entre naturaleza y oscuridad, simbolizan de algún modo el espíritu nacional con una mayor fuerza que casi todo lo que se ha creado en la historia del arte de Noruega.

La técnica "Staver" toma su nombre del procedimiento constructivo que consiste en estabilizar un conjunto de pilares de madera, apuntalados entre sí, revestido de paredes de tablas de modo directo. Esta tradición tiene su origen en el occidente noruego, en las zonas costeras del Mar del Norte, y si bien fue conocida en muchas partes de Europa, es en Noruega donde alcanzó su mayor grado de perfección a partir del siglo XI.

El concepto de *ma* japonés responde a distintas y complejas acepciones, de entre ellas podemos destacar aquélla que hace referencia a la distancia natural entre dos o más cosas que se encuentran en continuidad, o bien a la que se refiere al espacio delimitado por pilares y mamparas. Todo ello parece estar vinculado al espacio primigenio o *himorogi*, entendido éste como un lugar sagrado que se delimitaba por el sencillo medio de ubicar cuatro postes en las esquinas de un rectángulo a fin de construir un vacío. A menudo este vacío se reforzaba mediante el empleo de una simple cuerda tendida entre los cuatro postes.[10]

---

9. Cit. en Tanizaki, *El elogio de la sombra*. Ed. Siruela. Madrid. 1994.
10. Cfr. Arata Isozaki. "Ma: japanese time-space", en *The japan architect*. Tokio. 1979 y Fernando Espuelas. Op. cit. p. 78.

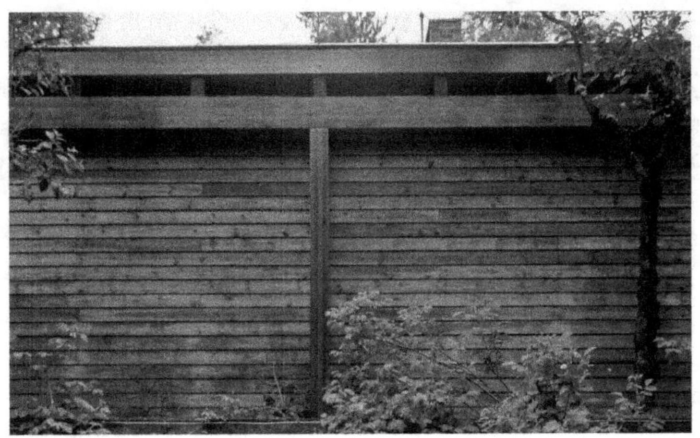

(13) y (14)
Casa Schreiner, 1963
Sverre Fehn

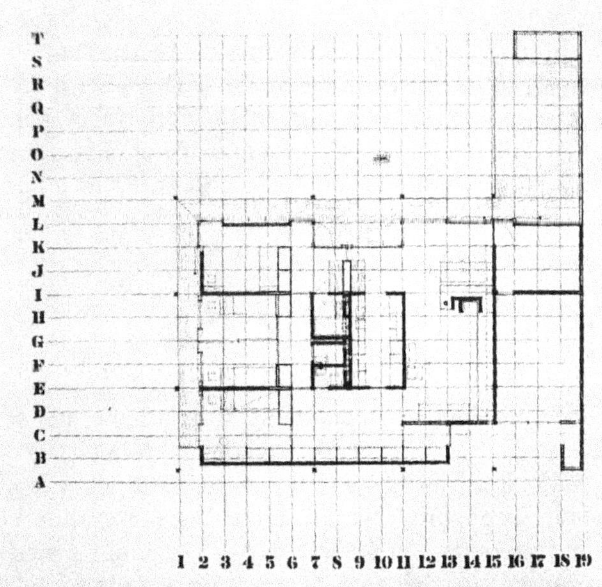

La permanente experimentación, a la hora de materializar ese elemento esencialmente delimitante, ocupa gran parte de la investigación de la arquitectura japonesa. Así, lo podemos apreciar en la definición material de la empalizada exterior o *itagaki* del Naiku del Templo de Ise, que desde el año 690 se renueva ininterrumpidamente cada veinte años. Esta, está construida sólo mediante postes de madera erguidos sobre el suelo, completados con un entablado posterior. De esta manera se mantiene un orden secuencial directamente asociado a su proceso constructivo, en clara referencia a los valores del *ma* y del *himorogi*.

Otra vez nos encontramos con la presencia de hermosos paralelismos entre Oriente y Occidente, que con su transversalidad, son capaces de contaminar la producción de arquitectos como Sverre Fehn.

Bruno Taut en su *Estudio sobre la casa y la vida japonesas* de 1936, recoge en la figura 313[11] una calle típica de Tokio, donde se aprecia el empleo, también en la arquitectura doméstica, de un muro de tablas de madera reforzado por la presencia depilares al exterior. Esta organización de pilares de manera pautada genera una lectura muy precisa de las singulares calles del Tokio residencial tradicional, todavía existente en la primera mitad del siglo XX. Lo privado destaca con nitidez. Las casas se sustraen, igual que lo hará Fehn en la Casa Schreiner, a las miradas procedentes del exterior, mediante la construcción de estos muros articulados de madera, que en el caso de Fehn, se deben a un heterodoxo sincretismo entre lo vernáculo noruego y las influencias orientales. Lo que va del sistema "staver" al "ma".

DE WRIGHT A FEHN

Al observar con detenimiento la planta de la casa Schreiner se aprecia el énfasis, puesto por Fehn, en el grafiado del módulo de la estructura. Se enumeran cada uno de sus ejes a fin de transmitir el rigor puesto en la definición métrica del proyecto. La cuadrícula se extiende a la totalidad de la planta, sin dejar ningún ámbito que se escape a su control. La organización general se corresponde con la de una planta en forma de "L" que recoge en su seno un espacio destinado a jardín. En su flexible

---

11. En la ed. española.

entendimiento de la construcción del espacio, destaca singularmente el núcleo de ladrillo central destinado al bloque húmedo y al hogar.

Por otra parte, como ya se ha mencionado anteriormente, la construcción de la casa se realiza mediante el empleo generalizado de la madera de pino, tanto en la estructura como en los cerramientos y suelos. Sólo una parte se distingue de esta situación general: la ejecución del núcleo húmedo y la cocina, como si de una construcción autónoma e incrustada en la anterior se tratase. Para ello se escoge el empleo de la fábrica de ladrillo de aspecto refractario y colocación rústica. No cabe la menor duda que todo esto nos trae a la memoria experiencias pretéritas que a través de sus ecos llevarán posteriormente a la Casa Schreiner.

Wright construyó entre 1936 y 1937 su paradigmática casa Herbert-Jacobs en Madison, Wisconsin. Una residencia suburbana integrada en su diseño del "Broadcare", para una nueva clase media. Todas las actividades colectivas se realizan en una única pieza: el living. Una retícula facilita el control de una planta en "L" donde se integra la cocina-hogar como un corazón a la vista, construido enladrillo en medio de una edificación ejecutada con postes de pino y tablones de secuoya.

Este espacio doméstico flexible, en plena expansión, que se extiende desde el corazón cerámico hacia sus bordes, y que busca fundirse con el medio natural, al encuentro de una naturaleza revalorada, influye en Fehn de un modo determinante; no olvidemos el profundo sentimiento de comunión con el paisaje que impregna la cultura noruega posterior a Dahl.

Ahora bien, ¿Cuáles son los referentes que hacen de Wright un catalizador de propuestas tan revolucionarias como la contenida en la casa Herbert-Jacobs, y que tanto recorrido ha tenido a lo largo del siglo XX? Por un lado, Wright no es sino un continuador de una tradición colonizadora presente en los Estados Unidos y que tiene unas características un tanto anónimas. De algún modo, Frank Lloyd Wright encontró los elementos básicos de la planta flexible ya listos y en un maduro proceso de evolución, aunque sin autor. No obstante, al menos debemos de destacar los proyectos sobre organizaciones funcionalmente flexibles que a partir del año 1870 desarrolla Eugene C. Gardner.[12]

---

12. Cfr. Sigfried Giedion. *Espacio, Tiempo y Arquitectura*. 1941. Ed. Española. Ed. Reverté. Barcelona. 2009. p. 368 y ss.

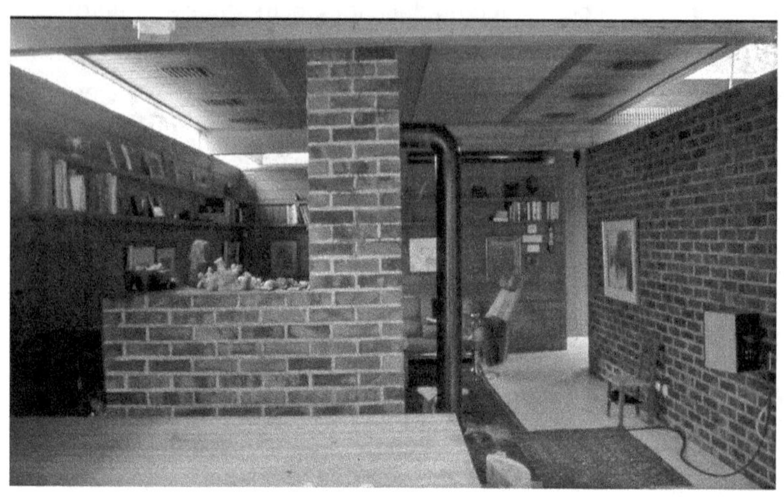

(15)
Casa Schreiner, 1963
Sverre Fehn

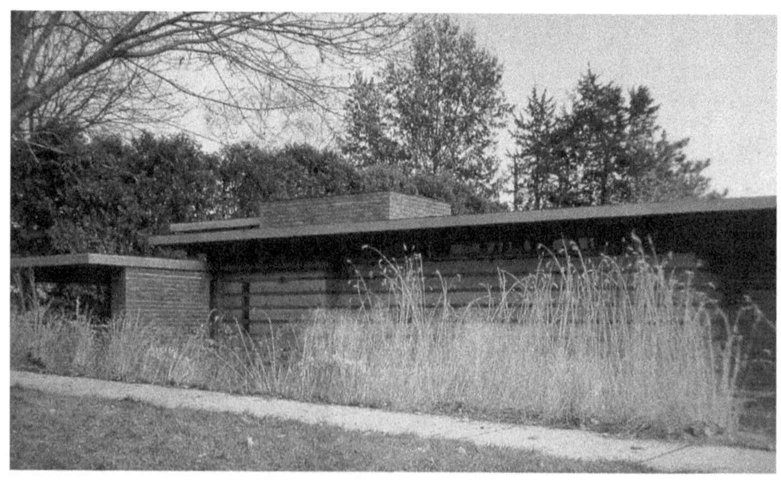

(16)
Casa Herbert-Jacobs, Madison, Wisconsin. 1936
Frank Lloyd Wright

Sin embargo, existe otra línea de influencia muy definida en la obra de
F. LL. Wright: la presencia destilada de la arquitectura japonesa. Es ya
sabido que Wright quedó impactado por la arquitectura de Japón presentada en el marco de la exposición Colombina de Chicago de 1893 y
no cabe duda que durante el tiempo que residió en Japón (1917-1922),
con motivo de las obras del Hotel Imperial de Tokio, estudió diversas
soluciones, tanto de la arquitectura doméstica como monumental.

Desde un principio concibió la propuesta de las Casas Usonianas,
entre las que incluía con carácter modélico la Casa Herbert-Jacobs,
como un juego de piezas que debían ser ensambladas siguiendo una
determinada secuencia. Para ello estandarizó la mayoría de los detalles
tomando prestadas la secuencia y el método de ensamblaje de la construcción doméstica tradicional de Japón.[13]

El estilo Sukiya heredero directo del Shoin, contiene todos los elementos
que como los tatamis, empleados para la modulación de los espacios,
los fusumas, ishashi, shoji, etc, caracterizan a la arquitectura doméstica
japonesa. Pero a ellos se añade una nueva sensiblidad que procede de la
fusión del taoísmo continental y del zen, que revalorizan el sentimiento
asociado al retiro solitario y el aspecto contemplativo de una naturaleza
que redime el espíritu. La decoración desaparece en beneficio de la naturalidad, los materiales deben de mostrar su textura y su color original.
La integración flexible del espacio exterior e interior llega a su máxima
expresión en el conjunto del Palacio de Katsura como "Casa del vacío".

La casa japonesa impresionó a F. LL. Wright, de ella escribió:

*"un estudio supremo de eliminación, no sólo de la suciedad, sino de
la eliminación también de lo insignificante."*[14]

Todo ello propició la elaboración de un proceso que fusionaba los principios estéticos-sensibles y de prefabricación orientales a los postula-
dos constructivos de los colonizadores norteamericanos. Estos siempre habían estado orientados hacia una visión directa en la resolución
de los problemas, donde el sentido racional y práctico imponen una
determinada ética en la fabricación.

---

13. Kenneth Frampton. *Estudios sobre cultura tectónica*. 1995. Ed. española Ed. Akal arqui-
tectura1999. p. 113 y ss.

14. Cfr. Sigfried Giedion. Op. cit. p. 407.

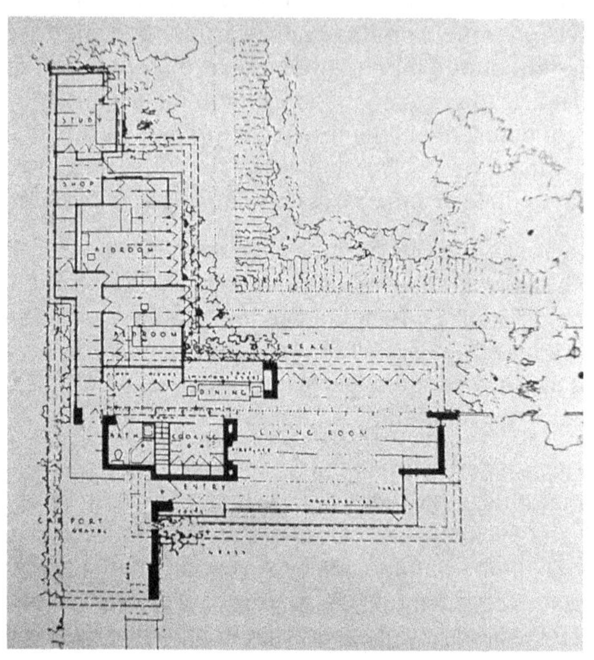

(17)
Casa Herbert-Jacobs, Madison, Wisconsin. 1936
Frank Lloyd Wright

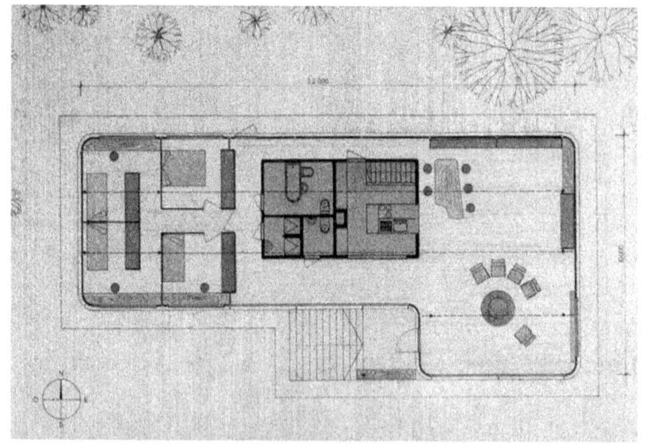

(18)
Casa Gauthier, Saint-Dié, Francia. 1962
Jean Prouvé, Baumann y Remondino

En 1910 tiene lugar en Berlín la exposición de la obra de Frank Lloyd Wright. A través de ella puede decirse que Wright entra de manera definitiva en el campo visual europeo. Mies van der Rohe, que en aquel momento colaboraba junto a Gropius en el estudio de Behrens, recibió, según él mismo reconocía, una súbita e inesperada fuerza a la vista de los proyectos exhibidos. La tendencia, ya presente en las propuestas de la exposición, a valorar el crecimiento de la planta en todas las direcciones y concebir la casa entera como un espacio fluido a la búsqueda de la planta libre, tendrán importantes consecuencias en la obra de Mies. Nuevamente estamos ante la construcción de un núcleo central y la explosión libre de la planta hacia el exterior. Mies llevará estos presupuestos hasta sus últimas consecuencias influido también por el movimiento holandés de Stijl. Los muros que salen no se detienen, si no que avanzan y se funden con el paisaje.

Entre 1952 y 1953 Sverre Fehn trabaja en el estudio de Jean Prouvé en Nancy. Con toda seguridad conoció las propuestas que allí se habrían realizado para el prototipo de la casa Alba en torno a 1950. En ella se desarrolla el tema de la vivienda producida industrialmente en serie. Maxeville fabrica finalmente el prototipo en 1953, coincidiendo con la estancia de Fehn en el estudio. Sabemos que el prototipo se presentó al congreso CIAM de 1953.

Se trata de una losa de cimentación a modo de basamento de 10×10 metros sobre el cual se funde un núcleo, también de hormigón, que contiene todos los servicios y las instalaciones. El resto se resuelve, de modo que pueda ser montado en seco, mediante paneles de aluminio de distintas características. Puede considerarse que estos experimentos culminan con la construcción en 1962 de la casa Gauthier, con la colaboración de Prouvé y los arquitectos Banmann y Remondino.

La continuidad de la línea de investigación iniciada por Gadner y continuada por Wright y Mies, llega a Fehn de la mano de Prouvé. En Prouvé se aúnan la pretensión de aproximarse a una voluntad artística y la búsqueda de la poética de la técnica, algo que heredará Fehn. La poética de la técnica va más allá de la simple y correcta ejecución y montaje de elementos prefabricados. Al igual que en el Japón tradicional, se pretende profundizar en la esencia misma del material, en su capacidad de expresión y en su contenido simbólico. Pocas veces la ética ha producido belleza de un modo tan esencial y directo.

A MODO DE COROLARIO

"En la casa tradicional japonesa el suelo es una delicada plataforma a modo de puente. Esta plataforma japonesa es como el tablero de una casa. Una pieza del mobiliario. El suelo resulta tan atractivo como el muro de la casa europea. Si en una casa europea queremos sentarnos junto a una pared, en Japón queremos sentarnos en el suelo, en vez de caminar sobre él. En las casas japonesas la vida se expresa en determinados movimientos como en el acto de sentarse...".

Cit. Jørn Utzon, Platforms and plateaus: the ideas of a danish architect.

También Utzon se sintió fascinado por las construcciones orientales, tanto chinas como japonesas después de su viaje en 1959, especialmente a través del Yinzao fashi, manual chino del siglo XII, y que fue la base de toda construcción china a través de su aplicación como código básico hasta el siglo XX.

Quizá Oriente no resultó tan lejano para una generación de arquitectos nórdicos, que a modo de invisible cadena de cristal, mantenían entre sí una compleja y fluida influencia mutua.[15]

"Dan: insipidez o desapego interior que nos libera de entusiasmos efímeros y acalla todo ese alboroto que nos agota".

"Cuando ningún sabor se pronuncia, el valor del saboreo es tanto más intenso por cuanto no puede ser asignado, rebasa su contingencia, se abre a la transformación, trascendiendo cualquier actualización particular y permaneciendo lleno de virtualidad".

"La eficiencia de lo neutro, que no se inclina hacia un lado, y que guarda íntegra en si toda su capacidad de desarrollo. La verdadera eficiencia es siempre discreta. Todo lo llamativo es ilusorio".

---

15. Jørn Utzon y Sverre Fehn llegaron a asociarse en torno al año 1953, después del regreso del primero de su viaje a América de 1949.

"La insipidez es el sabor de la sabiduría, el único posible, no es, pues, por resignación ni por desencanto, si no porque es el sabor de base, el de la raíz de las cosas, el más auténtico".

François Jullien. *Elogio de lo insípido*